매일 써먹는,
1일 1문장
엄마표
생활영어

매일 써먹는,
1일 1문장
엄마표
생활영어

띵동 영어 대표
고윤경 지음

위즈덤하우스

우리 아이의 첫 영어를 고민하는 엄마들에게

혼공! 요즘은 엄마표 영어가 대세입니다. 이는 교육 이전에 자녀와의 '관계'가 중요하다고 여기는 부모들이 많고, 동시에 좋은 영어 자료가 넘쳐나는 시대라는 방증이기도 합니다. 하지만, '평범한 엄마'들에게는 언제, 어떻게 우리 아이의 첫 '영어 단추'를 끼울지가 여전히 큰 부담입니다. 바로 그런 고민을 가진 엄마들에게 이 책은 큰 힘이 될 거라 생각합니다. 이 책을 펼치면 오늘부터 엄마표 영어를 실천할 수 있습니다. 특히 챕터2의 '엄마표 영어 100% 활용 꿀팁'을 참고하면 당장 아이가 좋아할 만한 동요부터 그림책, 영어 동영상, 영어 워크시트 등 정말 좋은 자료들을 무료로 사용할 수 있어서 부담도 없고, 효과도 좋으니 금상첨화입니다. 아울러, 100가지 상황에서 쓸 수 있는 엄마표 영어 표현을 보고 생활 속 어떠한 상황에서도 아이에게 자연스러운 영어를 써볼 수도 있습니다. 엄마가 영어를 잘하는 것은 크게 중요하지 않습니다. 엄마표 영어라는 긴 여정 동안 적절한 인풋을 제공하고 '함께하는 모습'을 보여주는 것만으로도 엄마와 아이는 같이 자라 있을 것입니다. 그렇게 아이와의 관계를 구축하고 영어는 '덤'으로 얻는 엄마표 영어, 이 책과 함께 시작해보는 것은 어떨까요?

_ **허준석** EBS 스타강사 혼공샘, 『엄마표 영어에 입시를 더하다』 저자

선배맘들이 말하는 '엄마표 생활영어'

엄마표 영어를 처음 시작했을 때 여러 책에서 본대로 유명한 영어책들을 읽어주고 영어 동요를 들려줬음에도 부족함을 느꼈는데 이 책은 아이와 엄마가 일상생활에서 매일 쓰는 말들로 가득 차서 아이와 눈을 보고 대화하는 진짜 엄마표 영어를 하게 합니다. 실생활에서 엄마들이 아이에게 정말 많이 쓰는 표현 위주라 자주 말하기에 입에 착착 붙어서 저절로 외워집니다.

문장에서 단어 하나만 바꿔도 다양하게 응용이 가능해서 말을 하는 엄마도 편하고, 쉽고 간단하게 대화를 하니 아이도 거부감 없이 편하게 받아들입니다.

엄마표 영어를 하기로 결심했지만 뭐부터 해야 할지 모르겠다면, 일단 이 책을 펼쳐 들고 매일 한 문장이라도 입을 열고 아이의 눈을 보며 대화해보세요. 저절로 자연스러운 대화로 이어집니다. 수많은 엄마표 영어 책들 중 한 권을 뽑으라면 당연히 이 책을 추천합니다!

_피코전수연 님

이 책의 저자인 재키쌤과 '띵동 엄마 영어'로 모임을 시작한 지 일 년이 넘었습니다. 어느 날은 바쁘고 귀찮아서 하고 싶지 않았지만 같이 공부하는 엄마들의 응원과 격려로 빠짐없이 여러 표현들을 공부해왔더니 지금은 상황별로 필요한 문장들이 머릿속에서 떠오른답니다. 물을 틀어놓고 장난치는 아이를 보면서 이때 쓰면 딱 좋은 영어 문장이 생각 나지 않아 공부했던 노트를 다시 찾아보기도 했네요. 이제는 재키쌤이 오디오 클립과 블로그에 정리해놓은 표현들을 책을 통해 체계적으로 공부할 수 있어서 너무 좋아요. 엄마표 영어를 이제 막 시작해보려는 분들에게 추천합니다.

_비올지니윤황진 님

엄마표 영어를 하면서 늘 아이에게 영어로 한마디라도 해주고 싶었으나 입이 잘 떨어지지 않더라고요. 처음에 블로그를 통해 '띵동 엄마 영어'를 알게 되었는데 하루 한 문장만이라도 외워서 말해보자는 마음으로 본격적으로 공부를 시작했어요. 아이와의 생활 속에 필요한 간단한 영어 문장들을 책으로 보고 오디오 클립으로 들으며 따라 하고, 배운 것을 아이에게 써먹으며 말하니 이제 아이도 자연스럽게 영어로 대답하곤 한답니다.

엄마가 영어를 못해도 엄마표 영어는 할 수 있죠. 하지만 엄마도 노력이 필요해요. 아이와 영어로 대화해보고 싶다면 이제 100일간의 도전을 시작해보세요.

_시우맘윤정순 님

이제 영어 회화에 재미 붙이기 시작하는 아이에게 생활 영어로 무슨 말을 어떻게 해줘야 할지 감이 잘 안 오더라고요. 그러던 중 '띵동 엄마 영어'를 알게 된 후 배운 표현들을 외우고, 아이에게 바로 바로 써먹었어요. 정말 간단하고 군더더기 없는 표현, 생활 밀착형 표현들이라 바로 적용이 가능해요. 매일 배운 표현을 이용해 아이와 대화를 나누었더니 어느새 저도 같이 영어 말문이 트여버리는 기적을 경험했어요! 영어 표현 외우고, 아이에게 말 걸고. 정말 그것만 꾸준히 했을 뿐인데. 간단한 생활 회화는 바로바로 튀어나오는 저를 보며 늘 '띵동 엄마 영어'에 고마움을 느낍니다.

이번 책은 대화가 상황별로 제시되어 있어요. 특정 상황 속에서 아이와 엄마가 말을 주거니 받거니 길게 이어갈 수 있어서 더 유용하고 대화가 풍부해져요. 우리말과 영어가 반씩 나뉘어 있어서 영어를 가린 채 우리말을 보고 영작 연습하기에 좋아요. 또, 패턴 연습은 중요 문장을 어떻게 활용할 수 있는지를 보여줘서 이 점이 초보자에게 많은 도움이 됩니다. 엄마표 영어를 진행하면서 아이와 나눌 수 있는 간단한 생활 회화가 필요하신 분들께 이 책이 훌륭한 길잡이가 될 거예요!

_알리사한혜림 님

엄마표 영어, 이렇게 시작하세요!

엄마표 영어가 아이 실력 향상의 지름길이 된다!
엄마와 아이 함께 성장하는 엄마표 영어의 모든 것

우리 아이가 영어를 잘했으면 하는 바람은 거의 모든 부모님들이 가지고 있습니다. 그러나 '나는 영어를 싫어하고 못하지만 우리 아이만큼은 영어를 잘했으면 좋겠다'라는 바람만으로는 엄마표 영어를 제대로 할 수 없어요. 부모의 영어 울렁증에서 비롯된 바람을 가지고 시작한 엄마표 영어는 순탄치 않을 가능성이 큽니다. 아이 영어 교육에 아무리 많은 시간과 돈을 들이더라도 부모의 바람만으로 떠밀려서 억지로 하는 영어 노출(학습)의 효과는 오래 가지 못해요.

아이는 '부모의 말이 아닌 행동을 보고 자란다'는 말이 있지요. 영어에 있어서도 다를 바가 없습니다. 아직 세상의 중심이 엄마, 아빠인 취학 전 아이들에게는 더더욱 그렇습니다. 그렇다면 아이만을 위한 엄마표 영어가 아니라 엄마도 아이도 함께 공부하고 성장하는 엄마표 영어는 어떨까요?

'엄마가 네 영어 때문에 이렇게까지 했다'가 아닌 '네 덕분에 엄마도 다시 공부하고 성장하며 영어에 자신감이 생겼어'라고 말해줄 수 있는 엄마표 영어는 어떨까요?

비록 나중에는 아이 혼자 가는 길이 되겠지만 처음에는 아이와 손을 잡고 같이 걸어가주세요. 세상은 넓다는 것, 그 넓은 세상에는 정말 다양한 사람들이 있다는 것, 그 다양한 사람들과 소통할 때 영어가 참 좋은 수단이 된다는 것도 알려주세요. 그리고 매일 즐겁게 엄마표 영어를 하면서 아이가 나중에 추억할 수 있는 좋은 기억도 많이 만들어주세요. 오늘 아이에게 건넨 짧은 영어 문장들, 같이 불러본 영어 동요들, 자기 전 읽어준 그림책 한 권이 바로 그 시작이 될 거예요.

엄마표 영어에 필요한 세 가지

내 아이를 가장 잘 아는 사람은 아이와 가까이에서 가장 많은 시간을 함께하는 엄마입니다. 그래서 엄마는 아이의 성향, 취향, 강점 등을 파악하여 내아이에 적합한 '맞춤식 영어 노출'을 진행할 수 있습니다.

즐겁고 효과적인 엄마표 영어를 위해 반드시 필요한 세 가지를 꼽자면 '관찰, 관계, 관리'입니다.

우선 아이가 어떤 노래를, 어떤 책을, 어떤 영상을 그리고 어떤 놀이를 좋아하는지 잘 관찰해야 합니다. 엄마의 취향이 아닌 아이의 취향을 파악하고 고려해야지만 효과적인 '엄마표 영어'를 진행할 수 있습니다.

두 번째는 아이와의 관계입니다. 아이를 강압적으로 끌고 가는 엄마표 영어는 역효과가 날 가능성이 큽니다. 엄마와의 관계가 좋은 아이는 영어든 미술이든 놀이든 엄마와 함께하는 시간을 즐거워합니다.

세 번째는 습관 관리입니다. 취학 전 아이에게 좋은 습관을 만들어주는 것은 부모만이 해줄 수 있는 특별한 선물입니다. 잠자리에 들기 전, 책 3권 읽기와 같은 독서 습관, 일기 쓰기 습관, 낭독 습관 등 영어뿐만 아니라 여러모로 도움이 되는 습관을 만들어주세요. '세 살 버릇 여든 간다'는 말처럼 이때 만들어진 습관은 계속해서 아이에게 좋은 영향을 줄 것입니다.

엄마표 영어, 이것만은 꼭 기억해두세요!

엄마표 영어를 시작할 때 '너무 늦지 않았나' 하는 조바심이 생기기 쉽습니다. 그러나 '언제 영어 노출을 시작하면 좋은가'에 대해서는 여러 의견이 있습니다. 즉, 빠르면 빠른 대로, 늦으면 또 늦은 대로 장단점이 있다는 것이지요. 그래서 엄마표 영어를 시작할 때는 '지금이 바로 우리 아이에게는 적기다. 절대 늦지 않았다' 하는 마음가짐이 꼭 필요하다고 생각합니다.

또한, 언어는 며칠에 한 번 몰아서 하는 것보다 매일 조금씩 하는 편이 훨씬 더 효과적입니다. 언어 습득에 있어서는 소나기보다는 가랑비가 낫다는 말이지요. 우선 아이의 읽기 독립이 이루어지기까지 짧게는 몇 년, 길게는 10년 정도 대략적인 계획을 세워놓고 차근히 실행하시길 바랍니다.

한 가지 강조하고 싶은 점은 언어는 생각이나 의견을 담기 위한 그릇, 즉 수단일 뿐이라는 것입니다. 자기 생각이나 의견이 없는 사람, 상식이 없는 사람, 이야기꺼리가 없는 사람은 그릇이 있어도 담아 낼 것이 없습니다. 엄마표 영어를 진행하면서 소홀해지기 쉬운 것 중 하나가 우리말 책 읽기입니다. 반드시 우리말 책도 충분히 읽어주시면서 생각의 폭을 넓혀주세요. 모국어가 탄탄하고 이야깃거리가 많은 아이가 영어도 잘할 수 있습니다.

아이에게 영어로 말 걸기가 어색하다면?

아이에게 영어로 말 걸기를 추천하는 이유는 우선 아무런 준비물이 필요하지 않다는 점입니다. 처음에는 그저 엄마가 상황에 맞게 아이에게 영어로 한두 문장 말해주면 됩니다. 그리고 영어 동요나 동영상이 아닌 엄마와의 상호작용을 통해서 알게 된 영어는 단순한 인풋(input)이 아니라 아이가 나중에 사용할 수 있는 인테이크(intake)가 될 가능성이 큽니다.

영어 노출이 거의 없는 경우, 아이가 6살 정도만 되어도 엄마가 영어로 말을 거는 것에 대해 거부 반응을 보이는 경우가 많습니다. 그렇다고 한창 우리말을 습득해야 할 때, 영어 노출에 더 많은 비중을 두게 된다면, 우리말 발달이 늦어질 가능성이 있습니다. 그래서 저는 모국어가 어느 정도 자리 잡은 만 3세 정도가 적당하다고 생각합니다. 만약 아이가 거부 반응을 보인다면, 영어 동요, 그림책, 놀이 등으로 재미있게 접근하며 조금씩 시도해보시길 추천합니다.

처음에는 '한국에서 한국 엄마가 한국 아이한테 영어로 말하는 것'이 어색해서 좀처럼 입이 떨어지지 않을 수 있습니다. 이때는 "Come here! Let's go!"처럼 아주 쉽고 간단한 문장부터 시작해보세요. 그리고 평소에 들려줬던 영어 동요 가사, 같이 읽었던 그림책 대사, 유아 영어 동영상에 나온 대사를 상황에 맞게 써주시는 것도 좋은 방법이 됩니다. 예를 들어, 아이와 숨바꼭질을 한다면, "Let's play hide and seek!", "Ready or not? here I come!" 이런 문장을 쓰면 됩니다.

만약 아이에게 영어 문장을 말했을 때 아이가 당황한다면 처음에는 영어로 한 번, 그다음엔 우리말로 한 번, 다시 영어로 한 번 말해주세요. 그리고 나중에는 그 상황에 맞게 영어 문장만 쓰면 됩니다. 정확한 발음으로 완벽한 문장을 말해야 한다는 부담감은 갖지 마세요. 아이에게 영어라는 촉촉한 가랑비를 내려준다는 기분으로 조금씩이라도 매일 해보시길 바랍니다.

이 책을 시작할 때 매일매일 다음과 같은 순서로 진행하면 공부 효과가 배가 되어요.

step 1. 재키쌤 직강 오디오 클립

재키쌤의 〈띵동 엄마 영어〉 오디오 클립 실전편을 들으며 챕터1을 시작해보세요. day별로 정리가 잘 되어 있답니다.

"띵동 엄마 영어"
오디오 클립 바로가기

step 2. 원어민 녹음 들으며 따라 하기

문장 연습과 패턴 연습을 원어민 목소리로 들어보세요.

step 3. 문장 연습/패턴 연습 반복하기

영어 표현과 패턴을 입에 붙을 때까지 반복해서 소리 내어 읽어보아요.

● 오른쪽 영어 문장들을 가리고
  우리말을 보면서 영어로 말해보세요.
● QR 코드로 접속하면
  원어민 녹음을 들을 수 있어요.
● mp3파일은 위즈덤하우스 홈페이지
  (wisdomhouse.co.kr) 자료실에서도
  다운 받을 수 있습니다.

● 핵심패턴이 입에 붙을 때까지 5번
  이상 소리 내서 말해보세요.
● QR 코드로 접속하면 유튜브 인기
  영어 동요 동영상을 즐길 수 있어요.

step 4. 동요 함께 부르기

'Sing together'의 영어 동요를 아이와 함께 불러보면서
하루 공부를 마무리하세요.

step 5. 포스터 활용하기

책 맨 뒤페이지에 '한눈에 보는 day 100 핵심 문장' 대형 포스터가 있어요. 절취
한 후 냉장고나 벽에 붙여두고 틈틈이 말하기 연습을 해보세요.

매일 써먹는, 1일 1문장 엄마표 생활영어
한눈에 보는 day 100 핵심 문장

Day001	Day013	Day025	Day037	Day049
Honey, time to wake up!	Do you want to play on the swing?	Our room is on the 3rd floor.	You look like a cook.	Play nicely and share your toys.
✽ 우리 아기, 일어날 시간이야!	✽ 그네 타고 놀래?	✽ 우리 방은 3층이네.	✽ 너 요리사 같아.	✽ 사이좋게 놀고 장난감도 같이 쓰렴.
Day002	**Day014**	**Day026**	**Day038**	**Day050**
Go wash your face.	You mustn't go up the slide.	Let me take a picture of you.	Which shape would you like to make?	Don't be a picky eater.
✽ 가서 세수해.	✽ 미끄럼틀 거꾸로 올라가면 안 돼.	✽ 내가 네 사진 찍어줄게.	✽ 어떤 모양을 만들고 싶어?	✽ 편식하지 마.
Day003	**Day015**	**Day027**	**Day039**	**Day051**
Let's get dressed.	Let's race to the door.	You must be hungry.	Plastic is recyclable.	You could burn your fingers.
✽ 옷 입자.	✽ 문까지 시합하자.	✽ 너 배고프겠다.	✽ 플라스틱은 재활용이 가능해.	✽ 손가락을 데일 수 있어.
Day004	**Day016**	**Day028**	**Day040**	**Day052**
Your hair is tangled.	Do you want to play catch?	Let's take a tour.	We need to water it three times a week.	Who drew on the wall?
✽ 머리가 엉켰네.	✽ 공놀이하고 싶어?	✽ 한번 구경해보자.	✽ 일주일에 세 번은 물을 줘야 해.	✽ 누가 벽에 낙서를 했어?
				Day053
				How many times do I have to tell you?
				✽ 몇 번을 말해야 하니?

CHAPTER 1 바로바로 적용하는 실생활 입말 표현 100

Part 01
일상생활에서

Part 02

아이와 함께 놀 때

Part 06

아프거나 다쳤을 때

Part 07 설명해줄 때

CHAPTER 2 엄마표 영어 100% 활용 꿀팁

CHAPTER 1

바로바로 적용하는
실생활 입말 표현
100

Part 01

일상생활에서
말할 때

Day 001
Honey, time to wake up!
우리 애기, 일어날 시간이야!

영어로 아이를 부를 때는 honey, sweetie등의 표현을 써요.

문장 연습

- 우리 아기, 일어날 시간이야. **Honey, (it is) time to wake up.**

- 벌써 7시 반이야. **It is already 7:30.**
  It is already half past seven.

- 유치원 갈 준비해야지. **You have to get ready for kindergarten.**

- 아직도 졸려? **Are you still sleepy?**

- 엄마가 물 좀 갖다줄게. **Let me get you some water.**

 tip

---

half : 절반, 반
We came here half an hour ago. 우린 삼십 분 전에 왔어요.

get ready for 명사 (get ready to 동사) : ~에 대한 준비를 하다
Let's get ready for school. 학교 갈 준비하자.
Get ready to laugh! 웃을 준비해!

It is time to ~ ~할 시간이야!

*앞에 It is는 생략되는 경우가 많아요.

It is time to **wake up.**
일어날 시간이야.

It is time to **go.**
갈 시간이야.

It is time to **begin.**
시작할 시간이야.

It is time to **have dinner.**
저녁 먹을 시간이야.

It is time to **do your homework.**
숙제 할 시간이야.

Sing together ♪♫

Good Morning, Mr. Rooster

Good morning. Good morning.
좋은 아침. 좋은 아침.

Good morning to you.
좋은 아침입니다.

Day 002

Go wash your face.
가서 세수해.

Please를 문장 제일 앞이나 뒤에 붙이면
좀 더 부드러운 어조가 돼요.

문장 연습

- 가서 세수해.   **Go wash your face.**

- 엄마가 도와줄까?   **Do you want me to help you?**

- 물 틀어 놓지 말고   **Don't leave the water running.**

- 다했어?   **Are you done?**

- 얼굴에 크림 좀 바르자.   **Let's put some cream on your face.**

leave : 남기다, 떠나다
[liːv]는 장모음이 들어가 있으므로 단모음인 live와 구별해서 길게 발음해주세요.
Leave it there. 그거 거기 둬.

put on : 입다, 바르다
We need to put on sunscreen. 우린 선크림을 발라야 해.

Go (and) 동사원형~ 가서 ~하렴.

*중간에 있는 and는 주로 생략됩니다.

Go wash your face.
가서 세수해.

Go wash your hands.
가서 손 씻어.

Go brush your teeth.
가서 양치질해.

Go brush your hair.
가서 머리 빗어.

Go take a shower.
가서 샤워해.

Sing together 🎵

This Is The way

This is the way we wash our face,
early in the morning.
세수는 이렇게 하는 거야, 이른 아침에.

Day 003
Let's get dressed.
옷 입자.

Let's get you dressed라고 표현할 수도 있어요.

문장 연습

● 옷 입자.	**Let's get dressed.**
● 어떤 옷 입을래?	**What do you want to wear?**
● 이 원피스 어때?	**How about this dress?**
● 좀, 똑바로 서 봐.	**Come on, stand up straight.**
● 다 되었다!	**All done!**
● 너 공주님 같네!	**You look like a princess!**

 tip

straight : 똑바로, 일직선으로
Just keep going straight. 그냥 쭉 직진하세요.

You look like ~ 너는 ~처럼 보인다.

*여기서 like은 '좋아하다'라는 뜻이 아니라 '~와 같은, ~처럼'의 뜻이에요.

You look like **a princess.**
너 공주님 같네.

You look like **a prince.**
왕자님 같네.

You look like **Daddy.**
아빠 닮았네.

You look like **a rabbit.**
토끼 같네.

You look like **a scary tiger.**
무서운 호랑이 같네.

Sing together ♪♬

Let's Get Dressed Song

Everybody put your coats on.
다들 코트 입어.

Let's go out to play!
놀러 나가자!

Day 004

Your hair is tangled.
머리가 엉켰네.

hair는 셀 수 없는 명사로 뒤에 단수 동사를 써요.

문장 연습

- 머리가 엉켰네. **Your hair is tangled.**

- 내가 머리 빗어줄게. **Let me comb(brush) your hair.**

- 가서 빗 가져 오렴. **Go bring your comb(brush).**

- 머리 어떻게 해줄까? **How do you want your hair done?**

- 다 되었다! **All done!**

- 거울 봐 봐. **Look in the mirror.**

- 마음에 들어? **Do you like it?**

 tip

tangled : 엉킨, 헝클어진
It is all tangled. 다 엉켰잖아.

comb : 빗, 빗질하다
Why don't you comb your hair? 머리 좀 빗지 그래?

Look + 전치사 ~을 봐봐.

Look in the mirror.
거울 봐 봐.

Look in my eyes.
내 눈을 봐 봐.

Look at me.
날 봐 봐.

Look at this painting.
이 그림 봐 봐.

Look out the window.
창밖을 봐 봐.

Sing together ♪♫

Baby's First Haircut

See my scissors and my comb we use to do a haircut.
머리를 자르기 위해 우리가 쓰는 내 가위와 빗을 보렴.

Let's get a haircut.
머리 자르자!

Day 005

What do you want for breakfast?
아침으로 뭘 먹을래?

do you want 대신에 would like를 써서
What would you like for breakfast?라고 쓰면
좀 더 격식을 갖춘 문장이 됩니다.

문장 연습

- 아침으로 무엇을 먹을래? **What do you want for breakfast?**

- 주먹밥 먹을래? **How about some rice balls?**

- 식탁에 앉으렴. **Sit down at the table.**

- 맛있게 먹어. **Enjoy your meal.**

- 똑바로 앉으렴. **Sit up straight.**

- 꼭꼭 씹으렴. **Chew it well.**

rice ball : 주먹밥
You like rice balls, don't you? 주먹밥 좋아하지, 그렇지?

chew : 씹다
Chew it several times. 여러 번 씹으렴.

How about ~ ~는 어때?

*제안할 때 쓸 수 있는 표현입니다.

How about some rice balls?
주먹밥 어때?

How about some milk?
우유는 어때?

How about pizza for dinner?
저녁으로 피자 어때?

How about this dress?
이 원피스 어때?

How about going for a walk?
산책 가면 어때?

Sing together ♪♬

Are You Hungry?

Are you hungry? 배가 고프니?
Yes. I am. 네, 배고파요.
Mmm…. watermelon!
음…. 수박!
Yum, yum, yum, yum, yum, yum,
yum, yum, yum! 얌얌얌!
I'm full! 전 배불러요!

약 먹이기

Day
006 **You still have a runny nose.**
너 아직 콧물 나네.

여러 가지 아픈 증상은 동사 'have'를 써서
나타낼 수 있어요.

문장 연습

- 너 아직 콧물 나네.
  You still have a runny nose.

- 약 먹어야겠다.
  You have to take your medicine for it.

- 입 벌려 봐.
  Please open your mouth.

- 그냥 삼켜.
  Just swallow it.

- 점심 먹고 약 먹는 것 잊지 마.
  Don't forget to take your medicine after lunch.

 tip

runny : 콧물(눈물)이 흐르는
I have a runny nose. 나 콧물 나.

swallow : 삼키다
You shouldn't swallow it. 그거 삼키면 안 돼.

You have a ~ 너 ~하는구나.

You have a **runny nose.**
너 콧물이 나는구나.

You have a **stuffy nose.**
너 코가 막혔구나.

You have a **sore throat.**
너 목이 아프구나.

You have a **cough.**
너 기침을 하는구나.

You have a **fever.**
너 열이 나는구나.

Sing together ♪♫

Sickness_Hospital Play

What's wrong with me?
나 왜 이러죠?

I have a runny nose.
전 콧물이 나요.

I have a cough.
전 기침을 해요.

I'm sick.
전 아파요.

and get some rest.

Day 007

Go put on your shoes.
가서 신발 신어.

put on은 옷, 신발, 장신구 등을 입다,
신다 등의 의미로 쓰여요.

문장 연습

- 가서 신발 신어. **Go put on your shoes.**

- 어떤 신발 신을래? **Which shoes do you want to wear?**

- 혼자 하려고 해 봐. **Try to do it by yourself.**

- 어디 보자. **Let's see.**

- 거꾸로 신었네. **You put your shoes on the wrong feet.**

- 내가 도와줄게. **Let me help you.**

 tip

by yourself : 혼자서, 혼자 힘으로
Can you do it by yourself? 혼자서 할 수 있겠어?

Go put on your ~ 가서 ~입으렴.

Go put on your **shoes.**
가서 신발 신어.

Go put on your **jacket.**
가서 재킷 입어.

Go put on your **panties.**
가서 팬티 입어.

Go put on your **socks.**
가서 양말 신어.

Go put on your **coat.**
가서 코트 입어.

Sing together ♪♫

Put On Your Shoes

Put on your shoes.
신발 신어.

Let's go outside.
밖에 나가자.

Hurry up. Hurry up.
Hurry hurry up.
서둘러! 서둘러! 서둘러!

Day 008

Get in the elevator!
엘리베이터 타!

'타다'는 get in(on), '내리다'는 get off(out of)를 써요.

문장 연습

- 엘리베이터 타!

  Get in the elevator!

- 닫힘 버튼 눌러.

  Press the button to close the door.

- 우린 1층으로 내려갈 거야.

  We are going down to the first floor.

- (안으로) 비켜주렴.

  Move up!

- 내리자!

  Let's get off. (the elevator)

 tip

get in : 안으로 들어가다, 타다
Get in the car. 차 타!

move up : (다른 사람에게 공간을 만들어주기 위해) 몸을 움직이다
Can you move up? 좀 비켜줄 수 있나요?

get off : 내리다
We need to get off here. 우린 여기서 내려야 해.

Let's ~ ~하자.

Let's **get off.**
내리자.

Let's **do it.**
해보자.

Let's **go home.**
집에 가자.

Let's **clean up.**
치우자.

Let's **read some books.**
책 좀 읽자.

Sing together ♪♬

Elevator Up, Elevator Down

Elevator Up, Elevator Down.
엘리베이터가 위로,
엘리베이터가 아래로.

Wait for the door to open wide.
문이 완전히 열릴 때까지 기다려요.

Push the button.
버튼을 누르세요.

Day 001~008 review

Day 001 우리 애기, 일어날 시간이야!

Day 002 가서 세수해.

Day 003 옷 입자.

Day 004 머리가 엉켰네.

Day 005 아침으로 뭘 먹을래?

Day 006 너 아직 콧물 나네.

Day 007 가서 신발 신어.

Day 008 엘리베이터 타!

Part 02

아이와 함께
놀 때

Day 009
Why don't we read some books?
우리 책을 좀 읽으면 어떨까?

Why don't you~? 이외에도 'Why don't we~?
(우리가 ~하면 어떨까?)' 또는 'Why don't I~?
(내가 ~하면 어떨까?)'와 같은 형태도 있어요.

문장 연습

- 우리 책을 좀 읽으면 어떨까? **Why don't we read some books?**

- 이 책 제목이 뭐야? **What is the title of this book?**

- 무슨 일이 일어날지 알겠어? **Can you guess what is going to happen?**

- 책장 넘겨 봐. **Turn the page.**

- 이 이야기 어때? **How do you like the story?**

 tip

happen : 일어나다, 발생하다
What happened? 무슨 일이야?

How do you like ~? : ~는 어때?
How do you like your school? 학교는 어때?

Why don't we ~? ~하는 게 어때?

Why don't we **read some books?**
우리 책을 좀 읽으면 어떨까?

Why don't we **take a walk?**
산책하면 어떨까?

Why don't we **take a break?**
좀 쉬면 어떨까?

Why don't we **have something to eat?**
뭐 좀 먹으면 어떨까?

Why don't we **have dinner?**
저녁을 먹으면 어떨까?

Sing together ♪♬

Book Song

We love our books.
우린 책을 정말 좋아해.

Yes, we do!
그럼 그렇고 말고.

Do you love your books too?
너도 책을 정말 좋아하니?

Day 010
You love hide and seek.
너 숨바꼭질 정말 좋아하잖아.

'숨바꼭질'은 hide and seek,
'숨바꼭질하다'는 play hide and seek이라고 해요.

문장 연습

● 숨바꼭질하자!

Let's play hide and seek!

● 너 숨바꼭질 좋아하잖아.

You love hide and seek.

● 네가 먼저 가서 숨어.

You go hide first.

● 내가 열까지 셀게.

I will count to 10.

● 준비가 되었든 안 되었든, 간다!

Ready or not, here I come.

● 어디 있어?

Where are you?

● 찾았다!

I found you!

 tip

hide : 숨다, 숨기다
Let's hide in here. 여기에 숨자!

seek : 찾다
What are you seeking? 뭘 찾고 있어?

You love ~ 너는 ~을 정말 좋아하잖아.

You love **hide and seek.**
너는 숨바꼭질을 정말 좋아하잖아.

You love **ice cream.**
너는 아이스크림을 정말 좋아하잖아.

You love **to draw.**
너는 그림 그리는 걸 정말 좋아하잖아.

You love **to play outside.**
너는 밖에서 노는 걸 정말 좋아하잖아.

You love **to watch TV.**
너는 TV 보는 걸 정말 좋아하잖아.

Sing together ♪♬

Hide And Seek

Hide and seek. Hide and seek.
숨바꼭질, 숨바꼭질.
Let's play hide and seek.
숨바꼭질하자.

Day 011

You are good at drawing!
그림 잘 그리네!

'그림 그리다'는 draw, '색칠하다'는 color라고 해요.

문장 연습

● 심심해?

Are you bored?

● 그림 그릴래?

Do you want to draw?

● 스케치북 하고 색연필
   가져다줄게.

**Let me get you a sketchbook
and colored pencils.**

● 그리고 싶은 거 그려.

Draw whatever you want.

● 그림 잘 그린다.

You are good at drawing.

bored : 지루한, 심심한
I am so bored. 나 정말 심심해.

colored pencil : 색연필
Do you need colored pencils?

Are you ~ed? 너는 ~하니?

Are you bored?
심심하니?

Are you scared?
무섭니?

Are you tired?
피곤하니?

Are you surprised?
깜짝 놀랐니?

Are you excited?
신나니?

Sing together ♪♫

Be An Artist Song for Kids

Be an artist, clap, clap, clap.
예술가가 되어봐. 박수, 박수, 박수.
Splash colors and paint.
물감을 뿌리고 그림을 그려 봐.

Day 012
How about riding your scooter outside?
밖에서 퀵보드 타면 어때?

우리는 퀵보드라고 하지만 영어로는 scooter라고 해요.

문장 연습

- 날씨 좋다! — **The weather is nice!**
- 밖에서 퀵보드 타면 어때? — **How about riding your scooter outside?**
- 헬멧 써야 해. — **You should wear your helmet.**
- 천천히 가! — **Slow down!**
- 너무 빨리 가고 있잖아. — **You are going too fast.**
- 넘어지지 않게 조심해. — **Be careful not to fall over.**

ride : 타다
I want to ride a bike today. 나는 오늘 자전거 타고 싶어.

fall over : 넘어지다
Watch out! You may fall over.　조심해! 너 넘어질 수도 있어.

How about ~? ~하는 게 어때?

How about **riding your scooter outside?**
밖에서 퀵보드 타면 어때?

How about **having some milk?**
우유를 좀 마시는 게 어때?

How about **having dinner with me?**
나랑 저녁을 먹는 게 어때?

How about **these pants?**
이 바지는 어때?

How about **pizza for dinner?**
저녁으로 피자 어때?

Sing together ♪♫

No No No! Play Safe in Playground

NO, NO, NO! I don't like to
ride the scooter.
싫어, 싫어, 나는 킥보드 타는 것을
좋아하지 않아.

PLEASE, PLEASE, PLEASE!
This is fun for you to play.
제발, 제발, 제발! 타보면 재미있어.

Do you want to play on the swing?

Day 013

그네 타고 놀래?

그네는 swing, 시소는 seesaw, 미끄럼틀은 slide라고 해요.

문장 연습

- 그네 타고 놀래? **Do you want to play on the swing?**

- 차례를 기다려야겠다. **You should wait your turn.**

- 내가 밀어줄게. **Let me push you on the swing.**

- 꽉 잡아! **Hold tight!**

- 더 높게 밀어줄까? **Do you want me to push you higher?**

 tip

swing : 그네, 흔들다
Don't swing your legs. 다리 흔들지 마.

tight : 단단히, 꽉, 꽉 조이는
This dress is too tight for you. 이 원피스는 너한테 너무 딱 맞네.

Do you want to ～? ～하고 싶어?

Do you want to **play on the swing?**
그네 타고 놀고 싶어?

Do you want to **draw?**
그림 그리고 싶어?

Do you want to **read some books?**
책 좀 읽고 싶어?

Do you want to **go for a walk?**
산책 가고 싶어?

Do you want to **go outside?**
밖에 나가고 싶어?

Sing together ♪♫

Yes, Yes, Playground Song

Yes, yes, yes, come here.
I'll push you now!
그래, 그래, 이리 와 봐.
내가 지금 밀어줄게!

Swing, swing, swing, I like it, wow!
앞으로 갔다가 뒤로, 앞으로 갔다가 뒤로,
앞으로 갔다가 뒤로, 좋아, 와우!

Day 014

You mustn't go up the slide.
미끄럼틀 거꾸로 올라가면 안 돼.

must(mustn't)는 강한 어조로 '~해야 한다'
(~하지 말아야 한다)는 뜻을 나타낼 때 써요.

문장 연습

- 미끄럼틀 타러 가자! **Let's go on the slide!**

- 거꾸로 올라가면 안 돼. **You mustn't go up the slide.**

- 계단으로 올라 가. **Walk up the stairs.**

- 엉덩이로 타. **Ride on your bottom.**

- 또 타고 싶어? **Do you want to slide down again?**

slide 미끄럼틀, 미끄러지다
Do you want to go down the slide? 미끄럼틀 탈래?

bottom 바닥, 아랫부분, 엉덩이
Look at the bottom of the page. 종이 아래쪽을 봐 봐.

You mustn't ~ ~해서는 안 돼.

You mustn't go up the slide.
미끄럼틀 거꾸로 올라가면 안 돼.

You mustn't push your friend.
친구를 밀면 안 돼.

You mustn't rub your eyes.
눈을 비비면 안 돼.

You mustn't pinch your brother(sister).
동생을 꼬집으면 안 돼.

You mustn't yell at Mom.
엄마한테 소리 지르면 안 돼.

Sing together ♪♫

10 Little Babies on the Slide

There are 10 at the slide.
미끄럼틀에 10명이 있어.

And they all want to ride.
그리고 모두 미끄럼틀을 타고 싶어 해.

Go down it, do down it.
타고 내려가, 타고 내려가.

Day 015
Let's race to the door.
문까지 시합하자.

race는 동사로 되고 명사도 되는 단어예요.
그래서 Let's have a race to the door라고
표현할 수도 있어요.

문장 연습

- 문까지 시합하자! **Let's race to the door!**
- 제자리에, 준비, 땅! **Ready, steady, go!**
- 최대한 빨리 달려. **Run as fast as you can.**
- 못 따라잡겠다. **I can't catch up with you.**
- 네가 또 이겼네! **You won again!**

race : 경주, 달리기 시합, 경주하다
We raced to the car. 우리는 자동차까지 시합했다.

steady : 안정된, 꾸준한
Slow but steady! 천천히 그러나 꾸준히!

catch up with : 따라잡다
You are walking too fast. I can't catch up with you. 넌 너무 빨리
걷고 있어. 널 못 따라잡겠어.

패턴 연습

I can't ~ 나는 ~할 수 없어.

I can't catch up with you.
난 널 못 따라잡겠다.

I can't help you.
난 너를 도울 수 없어.

I can't finish this.
난 이걸 끝낼 수 없어.

I can't believe this.
난 이걸 믿을 수가 없어.

I can't read this letter.
난 이 글자를 읽을 수가 없어.

Sing together ♪♬

Walking Walking

Walking walking. Walking walking.
걷는 거야. (반복)

Hop hop hop. Hop hop hop.
깡총깡총 뛰어. (반복)

Running running running.
Running running running.
달리는 거야.(반복)

Now, let's stop. Now, let's stop.
이제 멈추자. 이제 멈추자.

Day 016
Do you want to play catch?
공놀이하고 싶어?

공 같은 것을 던지고 받으며 노는 것을
play catch라고 해요.

문장 연습

- 공놀이하고 싶어? **Do you want to play catch?**

- 내가 공을 던질게. **I will throw the ball.**

- 받으려고 해 봐. **Try to catch it.**

- 간다! **Here we go!**

- 이제 나한테 다시 던져 봐. **Now throw it back to me.**

play catch : 공놀이하다, 캐치볼하다
You like playing catch. 넌 공놀이가 좋아하잖아.

throw : 던지다
Don't throw that. 그거 던지지 마.

Try to ~ ~해 봐.

Try to **catch it.**
받으려고 해 봐.

Try to **remember.**
기억하려고 해 봐.

Try to **read it.**
읽으려고 해 봐.

Try to **finish it.**
끝내려고 해 봐.

Try to **help me.**
날 도와주려고 해 봐.

Sing together ♪♬

Sports Ball Song

The balls on the field go bounce bounce bounce.
필드 위의 볼이 팅겨져 나와서 통통통.
Let's play with the balls together.
함께 공놀이를 하자.

Day 017
How about playing with bubbles outside?
밖에서 비눗방울 놀이 하면 어때?

'비눗방울 놀이 하다'는 'play with bubbles'라고 표현해요.

문장 연습

● 밖에서 비눗방울 놀이 하면 어때?　**How about playing with bubbles outside?**

● 내가 큰 비눗방울 만들어줄게.　**Let me make a big bubble.**

● 잘 봐 봐.　**Watch me.**

● 이렇게 살살 불어 봐.　**Blow gently like this.**

● 한 번 해 봐.　**Give it a try.**

bubble : 거품, 비눗방울, 거품이 일다
Do you want to take a bubble bath? 거품 목욕하고 싶어?

gently : 부드럽게, 약하게
Play with this gently. 조심히 가지고 놀아.

Let me ~ 내가 ~할게.

Let me make a big bubble.
내가 큰 비눗방울 만들어줄게.

Let me brush your hair.
내가 머리 빗어줄게.

Let me finish this.
내가 이걸 끝낼게.

Let me read a book to you.
내가 책 읽어줄게.

Let me sing a song to you.
내가 노래 불러줄게.

Sing together ♪♬

Bubble Song

Hello sunshine, hello rainbows,
good morning my friends.
안녕 햇살, 안녕 무지개,
좋은 아침 내 친구들.

Let's play bubbles.
비눗방울 놀이 하자.

Let's fly bubbles.
비눗방울을 날리자.

Bubble bubble bubble bubble

Day 018
You should share.
같이 써야지.

should는 must보다는 부드러운 어조로
'~해야 한다'라고 말할 때 쓰여요.

문장 연습

- 신발 벗으렴. **Please take off your shoes.**

- 가서 재미있게 놀아! **Go have fun!**

- 같이 써야지. **You should share.**

- 장난감 던지면 안 돼! **You mustn't throw the toy!**

- 이건 여기 거야. **It belongs here.**

 tip

take off : 벗다, 이륙하다
Why don't you take off your socks? 양말 벗지 그래?

belong : ~에 속하다, ~것이다
It belongs to me. 그건 내 거야.

You should ~ ~해야지.

You should share.
같이 써야지.

You should go to bed.
자러 가야지.

You should get ready for kindergarten.
유치원 갈 준비해야지.

You should wear your helmet.
헬멧을 써야지.

You should wait your turn.
네 차례를 기다려야지.

Sing together 🎵🎶

Sharing Song

We can share.
우리 같이 먹으면 돼.

Sharing makes us all happy!
나눔은 우리 모두를 행복하게 해!

Day 019

Are you done playing?
다 놀았어?

'Are you done?'은 다양한 상황에서
'다했어?'라는 의미로 쓸 수 있는 표현이에요.

문장 연습

- 다 놀았어? — **Are you done playing?**
- 우린 곧 가야 해. — **We have to leave soon.**
- 친구들한테 인사해. (헤어질 때) — **Say goodbye to your friends.**
- 재미있었어? — **Did you have fun?**
- 우리 또 올 수 있어. — **We can come again.**

done : 끝난, 다 된
Are you done? 다했어?

Say goodbye to ~ : ~에게 작별 인사를 하다
Did you say goodbye to her? 그녀에게 작별 인사를 했어?

Are you done ～? ～다했어?

Are you done **playing?**
다 놀았어?

Are you done **eating?**
다 먹었어?

Are you done **drawing?**
그림 다 그렸어?

Are you done **with this book?**
이 책 다 봤어?

Are you done **with the balloon?**
풍선 다 되었어?

Sing together ♪♬

Bye, Bye. Goodbye

Bye, bye. Goodbye.
안녕 잘 가. 잘 가요.

Bye, bye, bye, bye. Goodbye.
안녕, 안녕, 안녕. 잘 가요.

I can clap my hands.
나는 손뼉을 칠 수 있어요.

I can stamp my feet.
나는 발을 동동 구를 수 있어요.

Day 020

No splashing!
물 튀기지 않기!

'No ~ing'는 '~하지 않기'라는 뜻이에요.

문장 연습

- 물에 들어갈 준비가 되었어?

  Are you ready to get into the water?

- 이 부낭을 잡아.

  Hold onto the float.

- 물장구를 쳐 봐.

  Try kicking your legs.

- 나에게 헤엄쳐서 와.

  Swim to me.

- 물 튀기기 없기!

  No splashing!

 tip

float : 물에 뜨다, (수영할 때 몸이 잘 뜨게 하는) 부낭(浮囊)
Do you need a float? 부낭 필요해?

splash : (물 등을) 튀기다, 첨벙거리다
Stop splashing me. 나한테 물 튀기지 마.

No ~ing ~하지 않기.

No splashing!
물 튀기지 않기!

No whining!
징징대지 않기!

No crying!
울지 않기!

No yelling!
소리 지르지 않기!

No kicking!
발로 차지 않기!

Sing together ♪♫

Swimming Song

It's always so much fun to go swimming in the pool.
수영장에 수영하러 가는 건 언제나 정말 즐거워!

So let's jump in the water, it's nice and cool.
그러니까 물로 뛰어 들어가자. 시원하고 좋아!

Day 009~020 review

Part 03

외출했을 때

Day 021

Don't forget to buckle up!
안전벨트 하는 거 잊지 마!

'안전벨트를 하다'라는 뜻으로
구어체에서는 buckle up을 많이 써요.
fasten your seat belt는 좀 더 격식을 갖춘 표현이랍니다.

문장 연습

- 차에 타.
  Get in the car.

- 카시트에 앉으렴.
  Sit in the car seat.

- 안전벨트 하는 것 잊지 마.
  Don't forget to buckle up.

- 창밖을 봐 봐.
  Look out the window.

- 우리 거의 다 왔어.
  We are almost there.

 tip

get in : 타다, 탑승하다
Get in the elevator. 엘리베이터 타렴.

buckle up : 안전벨트를 매다
You have to buckle up. 안전벨트 해야 해.

Don't forget to ~ ~하는 것 잊지 마.

Don't forget to **buckle up.**
안전벨트 하는 것 잊지 마.

Don't forget to **wash your hands.**
손 씻는 것 잊지 마.

Don't forget to **put on your socks.**
양말 신는 것 잊지 마.

Don't forget to **flush the toilet.**
변기 물 내리는 것 잊지 마.

Don't forget to **turn off the water.**
물 잠그는 것 잊지 마.

Sing together ♪♫

Seat Belt Song

Going for a drive in Mommy's car,
엄마 차를 타고 드라이브 갈 때,

Buckle up for safety for the ride!
안전을 위해 안전벨트 매세요!

Day 022
Three stops from here.
여기서 세 정거장이야.

대중교통을 이용할 때 앞으로 몇 정거장 남았는지는
간단히 (숫자) stops from here라고 써요.

문장 연습

- 잘 보고 걸어.   **Watch your step.**

- 여기서 세 정거장이야.   **Three stops from here.**

- 우린 여기 안에서는 조용히 해야 해. **We should be quiet in here.**

- 곧 내릴 거야.   **We are getting off soon.**

- 내 손 잡으렴.   **Hold my hand.**

 tip

stop : 정거장, 멈춤
I am getting off at the next stop. 저는 다음 정류장에서 내려요.

get off : 내리다, 하차하다
Let's get off here. 여기서 내리자.

Watch ~ ~를 보다.

Watch your step.
잘 보고 걸어.

Watch me.
나를 잘 봐 봐.

Watch your head.
머리 조심해.

Watch TV for half an hour.
30분 동안 TV 보렴.

Watch out for cars.
차 조심해.

Sing together ♪♬

Let's Take The Subway

Rumble rumble rumble rumble
우르렁, 우르렁, 우르렁, 우르렁

We wait our turn, then we go too.
우리 차례를 기다린 다음
우리도 가는 거야.

Let's take the subway!
전철을 타자!

Day 023 You are done packing.
짐을 다 쌌구나.

여행 등을 가기 위해 '짐을 싸다'는 pack,
'짐을 풀다'는 unpack이라고 해요.

문장 연습

- 짐을 다 쌌구나.

  You are done packing.

- 뭐 빠뜨린 것 없나 보자.

  Let me see if you forgot anything.

- 팬티도 챙겼어?

  Did you pack your panties?

- 여행 가게 되어서 신나?

  Are you excited to go on a trip?

- 내일은 우리 일찍 일어나야 해.

  We need to get up early tomorrow.

 tip

pack : 짐을 싸다
I have several things to pack. 챙겨야 할 것들이 좀 있어요.

panties : (여자, 어린이용) 팬티
Don't forget to pack your panties. 팬티 챙기는 것도 잊지 마.

excited : 신난, 흥분한
I am so excited to go back home. 집에 다시 가게 되어서 신나요.

Are you excited to ~ ~하게 되어서 신나?

Are you excited to go on a trip?
여행 가게 되어서 신나?

Are you excited to see Grandpa?
할아버지 보게 되어서 신나?

Are you excited to be five years old?
5살 되어서 신나?

Are you excited to get a Christmas present?
크리스마스 선물 받게 되어서 신나?

Are you excited to go to the amusement park?
놀이공원 가게 되어서 신나?

Sing together 🎵

Let's Go To The Zoo

Let's go to the zoo.
동물원에 가자.
And dance like the animals do.
그리고 동물들처럼 춤을 추자.
Let's go to the zoo.
동물원에 가자.
And dance like the animals do.
그리고 동물들처럼 춤을 추자.

Day 024
We are heading for Jeju.
우린 제주도로 가는 거야.

head for는 '~를 향해 가다'라는 뜻이에요.

문장 연습

- 우린 제주도로 가는 거야.　　**We are heading for Jeju.**
- 한 시간 걸려.　　**It takes an hour.**
- 이제 곧 출발한다.　　**We are taking off soon.**
- 멀미 나려고 해?　　**Are you getting airsick?**
- 물 좀 가져다줄게.　　**Let me get you some water.**

 tip

take off : 이륙하다, 벗다
The plane will be taking off soon. 비행기가 곧 이륙할 거야.

airsick : 비행기 멀미가 나는
I don't usually get airsick. 전 보통 비행기 멀미를 하지 않아요.

Are you getting ~? 너는 ~하려고 하니?

Are you getting **airsick?**
멀미 나려고 하니? (비행기)

Are you getting **carsick?**
멀미 나려고 하니? (자동차)

Are you getting **sleepy?**
졸리려고 해?

Are you getting **upset?**
화나려고 해?

Are you getting **hungry?**
배고파지려 해?

Sing together ♪♫

Airplane Song For Kids

Airplanes, airplanes
비행기, 비행기

Fly all around the sky
하늘 여기저기를 날아다니지.

Airplanes, airplanes
비행기, 비행기

Flying way up high
아주 높이 날고 있는

Day 025
Our room is on the third floor.
우리 방은 3층이네.

몇 층인지 나타날 때는 first, second 등과 같이
서수를 써서 표현해요.

문장 연습

- 네 여행 가방 들고 갈 수 있겠어? **Can you carry your suitcase?**

- 우리 방 키야. **Here is our room key.**

- 우리 방은 3층이야. **Our room is on the third floor.**

- 우린 여기서 두 밤 잘 거야. **We are staying here for two nights.**

- 우리 짐을 먼저 풀까? **Shall we unpack first?**

 tip

suitcase : 여행 가방
How many suitcases do you have? 여행 가방을 몇 개 가지고 있어요?

unpack : 짐을 풀다
I need to unpack first. 난 먼저 짐을 풀어야겠어.

Shall we ~? 우리 ~할까?

Shall we unpack first?
우리 짐을 먼저 풀까?

Shall we go now?
우리 이제 갈까?

Shall we play hospital?
우리 병원놀이 할까?

Shall we play house?
우리 소꿉놀이 할까?

Shall we go for a walk?
우리 산책 갈까?

Sing together ♪♫

Learn ordinal numbers for kids

We are almost there.
우리 거의 다 왔어.

9, the ninth stone!
9, 아홉 번째 돌이야!

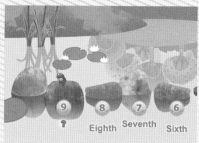

Day 026
Let me take a picture of you.
내가 네 사진 찍어줄게.

'사진 찍다'라는 표현은 take a picture 또는 take a photo라고 해요.

문장 연습

- 내가 네 사진 찍어줄게. **Let me take a picture of you.**

- 거기 서 봐. **Stand there.**

- 카메라 보렴. **Look at the camera.**

- 가만히 있어 봐. **Hold still.**

- '치즈'라고 해 봐. **Say cheese.**

 tip

still : 정지한, 고요한
Just sit still. 그냥 거기 가만히 앉아 있어.

Stand ~ ~하게 서다.

Stand there.
거기 서 봐.

Stand up.
일어서 봐.

Stand up straight.
똑바로 서 봐.

Stand still.
가만히 서 있어.

Stand back.
뒤로 물러서 봐.

Sing together ♪♬

Let's Take a Picture

Let's take a picture, you and me.
사진 찍자, 너랑 나랑.

Look at the camera, 1, 2, 3
카메라를 봐, 하나, 둘, 셋

Day 027

You must be hungry.
너 배고프겠다.

Must는 말하는 사람의 확신을 나타낼 때
'분명 ~하다'라는 의미로 쓰는 조동사입니다.

문장 연습

- 너 배고프겠다.   **You must be hungry.**

- 맛있게 먹어.   **Enjoy your meal.**

- 맛있다, 그렇지?   **It is yummy, isn't it?**

- 이것 한 입 먹어 봐.   **Take a bite of this.**

- 다 먹었니?   **Are you finished?**

 tip

yummy : 맛있는
Try this. It is yummy. 이거 한번 먹어 봐. 맛있어.

You must be ~ 너는 분명 ~하겠다.

You must be hungry.
너는 (분명) 배고프겠다.

You must be tired.
너는 (분명) 피곤하겠다.

You must be freezing.
너는 (분명) 엄청 춥겠다.

You must be disappointed.
너는 (분명) 실망스럽겠다.

You must be excited.
너는 (분명) 신나겠다.

Sing together ♪♫

A Healthy Meal

Have a seat and eat well.
앉아서 잘 먹으렴.
Let's have a healthy meal!
건강한 식사를 하자.

Have a seat and eat well.

Day 028
Let's take a tour.
한번 구경해보자.

Tour는 동사도 되고 명사도 되는 단어예요.
명사로는 관광, 방문 등의 뜻이 있어요.

문장 연습

- 한번 구경해보자. **Let's take a tour.**
- 편히 둘러보렴. **Feel free to look around.**
- 이것 한 번 봐 봐. **Take a look at this.**
- 어떤 것도 만지지는 않도록 해. **Try not to touch anything.**
- 너 여기 맘에 들지, 그렇지? **You like it here, don't you?**

feel free~ : 편하게 ~하다, 자유롭게 ~하다
If you have any questions, feel free to ask. 만약 질문이 있으면, 편하게 물어보세요.

Feel free to ~ 편하게 ~하다. 자유롭게 ~하다.

Feel free to look around.
편하게 둘러 봐.

Feel free to ask question.
편하게 물어 봐.

Feel free to use that.
편하게 그걸 쓰렴.

Feel free to take off your shoes.
편하게 신발 벗어.

Feel free to shout.
편하게 소리 질러.

Sing together 🎵🎶

Museum Etiquette

Walk and Whisper.
걷고 작게 이야기하세요.

It is the right place for that.
그렇게 해야지 맞는 장소에요.

Day 029

The movie starts at 3:00.
영화는 3시에 시작해.

영화, 공연, 수업처럼 시간표에 적혀 있는
예정된 일들은 현재 시제로 써요.

문장 연습

- 영화는 3시에 시작해. **The movie starts at 3:00.**

- 빨리 영화를 보고 싶구나. **You can't wait to watch the movie, can you?**

- 팝콘 좀 먹을래? **Do you want some popcorn?**

- 목소리를 낮추어야 해. **We should keep our voices down.**

- 영화 재미있게 보렴. **Enjoy the movie.**

 tip

keep down : 낮추다, 억제하다
Please keep down the volume. 볼륨을 줄이세요.

You can't wait to ~ 너는 빨리 ~하고 싶구나.

You can't wait to **watch the movie, can you?**
너는 빨리 영화 보고 싶구나.

You can't wait to **go outside, can you?**
너는 빨리 밖에 나가고 싶구나.

You can't wait to **open the present, can you?**
너는 빨리 선물을 열어보고 싶구나.

You can't wait to **eat ice cream, can you?**
너는 빨리 아이스크림을 먹고 싶구나.

You can't wait to **play with it, can you?**
너는 빨리 그걸 가지고 놀고 싶구나.

Sing together 🎵

Quiet or Loud

Be quiet while you are at a show.
공연을 볼 때는 조용히 해.

Don't grab a horn and start to blow.
나팔을 잡고 불기 시작하지 마.

Day 030

Let's clap along.
박수 쳐보자. (공연장에서)

Clap은 명사도 되고 동사도 되는 단어로 '박수', '박수를 치다' 등의 뜻이 있어요.

문장 연습

- 곧 시작할 거야. **It is going to start soon.**

- 여기 안에서는 뭘 먹으면 안 돼. **We mustn't eat anything in here.**

- 나온다! **Here they come!**

- 박수 쳐보자. **Let's clap along.**

- 재미있다, 그렇지? **It is fun, isn't it?**

 tip

clap along : (음악 등에) 맞춰서 박수 치다
We clapped along the music. 우리는 음악에 맞춰서 박수를 쳤다.

Here ~ ~가 온다/간다.

Here they come.
그들이 나온다.

Here we are.
우리가 간다.

Here comes Daddy.
아빠 온다.

Here comes the bus.
버스 온다.

Here comes the subway.
전철 온다.

Sing together ♪♫

Clap Along With Me

Clap, clap, clap your hands.
손뼉, 손뼉, 손뼉을 치세요.

Clap along with me.
나와 같이 손뼉을 치세요.

Day 031
Let's feed them.
먹이를 주자.

feed는 동사도 되고 명사도 되는 단어예요.
동사로는 '먹이다'라는 뜻을 가지고 있어요.

문장 연습

- 먹이를 주자. **Let's feed them.**
- 손 내밀어 봐. **Hold out your hand.**
- 먹는 거 봐 봐. **Watch them eat.**
- 네 손바닥을 핥네. **He is licking your palm.**
- 간지럽지, 그렇지? **It tickles, doesn't it?**

feed : 먹이를 주다, 먹이다
Did you feed the puppy? 강아지 밥 줬어?

palm : 손바닥
Let me see your palm. 네 손바닥 좀 보자.

tickle : 간질이다, 간지럼을 태우다
Stop tickling me. 나 그만 간지럼 태우렴.

Hold ~ ~를 잡다, 유지하다.

Hold out your hand.
손 내밀어 봐.

Hold my hand.
내 손 잡아.

Hold onto the rail.
난간 잡아.

Hold tight.
꽉 잡아.

Hold still.
가만히 있어 봐.

Sing together 🎵🎶

Let's Go To The Zoo

Let's go to the zoo.
동물원에 가자.

And dance like the animals do.
그리고 동물들이 하는 것처럼 춤을 추자.

Day 032
We are going to pick apples.
우린 사과를 딸 거야.

pick은 여러 가지 뜻을 가진 기본 동사로
'과일이나 꽃을 따다'라는 의미도 있어요.

문장 연습

● 우린 사과를 딸 거야.

We are going to pick apples.

● 넌 사과를 정말 좋아하지, 그렇지?

You love apples, don't you?

● 빨간 걸로 따렴.

Pick the red ones.

● 냄새 맡아 봐! 냄새 좋아.

Smell it! Smells good.

● 한 입 먹어 봐.

Take a bite.

 tip

bite : 깨물다, 물다, 한 입 베어 물기
Take a bite of my sandwich. 내 샌드위치 한 입 먹어 봐.

smells (like) ~ ~냄새가 난다.

It smells **good.**
냄새 좋다.

Your hair smells **good.**
네 머리에서 좋은 냄새가 나네.

Your feet smell **bad.**
네 발에서 안 좋은 냄새가 나네.

Your clothes smell **like sweat.**
네 옷에서 땀 냄새가 나네.

Your hands smell **like oranges.**
네 손에서 오렌지 냄새가 나네.

Sing together ♪♬

Apples & Bananas

I like to eat, eat, eat apples and bananas.
난 바나나와 사과 먹는 걸 좋아해요.

Day 021~032 review

Day 021 안전 벨트하는 것 잊지 마!

Day 022 여기서 세 정거장이야.

Day 023 짐을 다 쌌구나.

Day 024 우린 제주도로 가는 거야.

Day 025 우리 방은 3층이네.

Day 026 내가 네 사진 찍어줄게.

Day 027 너 배고프겠다.

Day 028 한번 구경해보자.

Day 029 영화는 3시에 시작해.

Day 030 박수 쳐보자.

Day 031 먹이를 주자.

Day 032 우린 사과를 딸 거야!

Part 04

함께 집안일
할 때

Day 033
First, pick up the toys.
먼저, 장난감을 치워.

물건을 치우라는 표현은 pick up 또는
put away를 쓸 수 있어요.

문장 연습

- 이 엉망진창인 것 좀 봐라. **Look at this mess.**

- 네 방을 정리하자. **Let's clean up your room.**

- 먼저 장난감부터 치워. **First, pick up the toys.**

- 책들을 다시 책꽂이에 두렴. **Put the books back on the shelf.**

- 이건 재활용 통에 넣고. **Put this in the recycling bin.**

tip

mess : 엉망진창인 상태
What a big mess! 완전 난장판이네!

shelf : 책꽂이, 선반
I put it on the top shelf. 내가 그걸 제일 위쪽 선반에 두었지.

recycling bin : 재활용 통
You have to put the bottle in the recycling bin. 병은 재활용 통에 넣어야 해.

Pick ~ ~를 줍다, 고르다.

Pick up the toys.
장난감 치우렴.

Pick up the trash.
쓰레기 주워.

Pick up the phone.
전화 받아.

Pick just one.
딱 하나만 골라.

Pick your favorite color.
좋아하는 색을 골라봐.

Sing together 🎵

Clean Up Song

Clean up! Clean up! Clean up!
정리! 정리! 정리!

Put your things away.
네 물건들을 치우렴.

Pick up your toys.
장난감도 치우고.

Day 034
Your shoes need washing.
네 신발 빨아야겠다.

shoes, socks 같이 짝이 있어야 하는 물건들은
보통 복수로 쓰므로 s를 빠뜨리지 않게 유의하세요.

문장 연습

● 네 신발 빨아야겠다.

Your shoes need washing.

● 네 신발 빠는 거 도와줄래?

Can you help me wash your shoes?

● 내가 솔하고 비누 가지고 올게.

I will bring a brush and soap.

● 신발을 물에 넣어.

Put the shoes in the water.

● 이제 깨끗하게 문질러.

Now scrub them clean.

● 잘했어!

Good job!

soap : 비누
Pass me the soap. 비누 좀 건네줘.

scrub : 문지르다, 문질러 씻다
Let's scrub the floor. 이제 바닥을 문질러 청소하자.

Need(s) ~ing ~할 필요가 있다.

Your shoes need **washing.**
네 신발 빨아야겠다.

Your hair needs **washing.**
너 머리 감아야겠다.

The window needs **fixing.**
창문 고쳐야겠다.

These pants need **ironing.**
이 바지 다려야겠다.

It needs **sewing.**
이거 꿰매야겠다.

Sing together ♪♬

My Stinky Shoes

Stinky, stinky shoes!
We're still smelling bad.
냄새 나는, 냄새 나는 신발!
아직도 냄새가 안 좋아요.

We are super smelly but
the germs are really glad.
우리는 냄새가 엄청 지독하게 나지만,
세균들은 정말 기뻐해.

Day 035
Let's fold the laundry together.
빨래를 같이 개자.

세탁 전, 세탁 후 옷들은 모두 laundry라고 표현해요.

문장 연습

- 빨래가 다 말랐네. **The laundry is all dry.**

- 빨래를 같이 개자. **Let's fold the laundry together.**

- 네 옷을 개렴. **Fold your clothes.**

- 바지는 이렇게 개는 거야. **This is the way we fold our pants.**

- 네 서랍에 이것 좀 갖다 놓을래? **Can you put them in your drawer?**

tip

laundry : 세탁물, 세탁
I am doing the laundry. 난 빨래를 하고 있어요.

fold : 접다, 개다
Can you help me fold the laundry? 빨래 개는 것 좀 도와줄래?

drawer : 서랍
You put it in the drawer, didn't you? 그걸 서랍에 넣어놨구나, 그렇지?

Can you ~? 너는 ~해줄 수 있니?

Can you put them in your drawer?
네 서랍에 이것 좀 갖다 놓을래?

Can you help me?
날 도와줄래?

Can you get me a towel?
나에게 수건 하나 가져다줄래?

Can you turn on the light?
불 켜줄래?

Can you turn off the water?
물 잠가줄래?

Sing together ♪♬

This is the Way We Wash Our Clothes

This is the way we fold our clothes.
옷은 이렇게 개는 거야.
So early in the morning.
이른 아침에.

Do you want to ride a shopping cart?

카트 탈래?

대형 마트에 있는 카트는 shopping cart라고 표현해요.

문장 연습

- 장보러 가자.　　　**Let's go grocery shopping.**

- 카트 탈래?　　　　**Do you want to ride a shopping cart?**

- 저녁으로 뭘 먹을래?　**What do you want for dinner?**

- 그냥 하나 선택해.　　**Just pick one.**

- 거의 다 되었어.　　**We are almost done.**

grocery shopping : 장보기
I need to go grocery shopping later this afternoon. 난 이따 오후에 장보러 가야 해.

ride : 타다
Do you want to ride your bike outside? 밖에서 자전거 탈래?

We are almost ～ 우리는 거의 ～했다.

We are almost **done.**
거의 다 됐어.

We are almost **there.**
거의 다 왔어.

We are almost **home.**
집에 거의 다 왔어.

We are almost **ready.**
우리 거의 준비 다했어.

We are almost **at the top.**
우리 거의 꼭대기에 다 왔어.

Sing together ♪♬

Supermarket

Hey, come along to buy groceries.
식료품 사러 오세요.

We have a shopping cart to push around.
밀고 다닐 쇼핑 카트가 있어요.

107

Day 037
You look like a cook.
너 요리사 같아.

요리사는 영어로 cook이라고 하며 cooker는
밥솥 등과 같은 조리 기구를 나타내요.

● 손 씻었어?　　　　　　　**Did you wash your hands?**

● 앞치마 매렴.　　　　　　　**Put on your apron.**

● 너 요리사 같아.　　　　　　**You look like a cook.**

● 이제 이걸 반으로 잘라줄래?　**Now can you cut them in half?**

● 칼 조심하고.　　　　　　　**Be careful with the knife.**

apron : 앞치마
Take off your apron. 앞치마 벗으렴.

half : 절반, 반
It is already half past 7. 벌써 7시 반이야.

Be careful ~ ~조심해.

Be careful **with the knife.**
칼 조심해.

Be careful **with that.**
그거 조심해.

Be careful **not to fall over.**
넘어지지 않게 조심해.

Be careful **not to drop the cup.**
컵 떨어뜨리지 않게 조심해.

Be careful **not to spill the water.**
물 쏟지 않게 조심해.

Sing together 🎵

Be Careful in the Kitchen

Please don't touch the boiling pot.
don't touch.
끓고 있는 냄비를 만지지 마. 만지지 마.

Watch out, please. In the kitchen
all the time.
부엌에서는 항상 조심하렴.

Day 038
Which shape would you like to make?
어떤 모양을 만들고 싶어?

Would like 대신에 want를 써서
Which shape do you want to make?이라고 하면
좀 더 캐주얼한 표현이 됩니다.

문장 연습

● 쿠키 굽자.

Let's bake cookies.

● 먼저, 반죽을 평평하게 만들어.

First, make the dough flat.

● 어떤 모양을 만들고 싶어?

Which shape would you like to make?

● 아래로 세게 눌러.

Press down hard.

● 이제 오븐에 넣는 거야.

Now we put it in the oven.

● 쿠키가 잘 구워졌다.

The cookies are well-baked.

 tip

dough : 반죽
Can you roll the dough? 반죽을 밀어줄래?

flat : 평평한, 납작한
I like flat shoes. 난 굽 낮은 신발이 좋아.

음식 + is(are) + 과거분사 (음식이) ~한 상태이다.

The cookies are well-baked.
쿠키가 잘 구워졌다.

The potatoes are well-cooked.
감자가 잘 익었다.

The chicken is undercooked.
치킨이 덜 익었네.

The fish is overcooked.
생선이 너무 익었네.

The toast is burnt.
토스트가 탔네.

Sing together ♪♫

Who Took The Cookie?

Who took the cookie from the cookie jar?
누가 쿠키 통에서 쿠키를 가져갔지?

Let's share!
나눠 먹자!

Who wants some cookie?
쿠키 먹을 사람?

Day 039

Plastic is recyclable.
플라스틱은 재활용이 가능해.

recycle(재활용하다)에 able을 붙이면
'재활용 가능한'이란 뜻을 가진 recyclable이 됩니다.

문장 연습

- 쓰레기통이 꽉 찼네.   **The trash can is full.**

- 플라스틱 병은
  여기에 넣으면 안 돼.   **You shouldn't put plastic bottles in here.**

- 플라스틱은 재활용이 가능해.   **Plastic is recyclable.**

- 쓰레기 버리러 가야겠다.   **I have to take out the trash.**

- 같이 갈래?   **Do you want to come with me?**

tip

trash : 쓰레기
Pick up the trash. 쓰레기 주우렴.

recyclable : 재활용이 가능한
Is this bottle recyclable? 이 병은 재활용이 가능한가요?

You shouldn't ~ 너는 ~해서는 안 된다.

You shouldn't put plastic bottles in here.
플라스틱 병을 여기 안에 넣으면 안 돼.

You shouldn't run around here.
여기서는 뛰어다니면 안 돼.

You shouldn't lie to Mommy.
엄마에게 거짓말을 하면 안 돼.

You shouldn't eat too much candy.
사탕 너무 많이 먹으면 안 돼.

You shouldn't yell at your friends.
친구에게 소리 지르면 안 돼.

Sing together 🎵🎶

Clean Up Trash Song

I've got a bottle, where does it go?
(플라스틱) 병이 있는데
이건 어디에 넣어야 하지?

It's made of plastic,
where does it go?
이건 플라스틱으로 만들어졌어.
어디에 넣어야 하지?

The plastic goes in the plastic bin.
플라스틱은 플라스틱 재활용 통으로 가지.

Day 040

We have to water it three times a week.

일주일에 세 번은 물을 줘야 해.

water는 동사로 '식물, 동물 등에게 물을 주다'라는 뜻이 있어요.

문장 연습

- 와서 이 꽃 좀 한 번 봐 봐.

Come over and take a look at this flower.

- 시들어 가고 있어.

It is wilting.

- 언제 마지막으로 물을 주었니?

When did you last water it?

- 물뿌리개 가져 와.

Bring the watering can.

- 일주일에 세 번 물을 줘야 해.

We have to water it three times a week.

 tip

wilt : 시들다, 시들게 하다
Why are the flowers wilted? 꽃들이 왜 시들었지?

watering can : 물뿌리개
Stop playing with the watering can. 물뿌리개 가지고 장난치지 마.

We have to ~ 우리는 ~해야 한다.

We have to **water it three times a week.**
우린 일주일에 세 번 물을 줘야 해.

We have to **go now.**
우린 지금 가야 해.

We have to **hurry up.**
우린 서둘러야 해.

We have to **clean our house.**
우린 집 청소를 해야 해.

We have to **take this bus.**
우린 이 버스를 타야 해.

Sing together 🎵🎶

The Planting Song

Working on the farm all day long,
농장에서 하루 종일 일하며
Everybody sing the planting song.
모두들 식물 심기 노래를 불러요.

Day 041

There are too many books on the floor.
바닥에 책이 너무 많다.

There is(are)~에서 there은 '거기에'라고 해석되지 않고
문장 전체가 그냥 '~이 있다'라는 뜻이 됩니다.

문장 연습

● 얘야, 바닥에 책이 너무 많다.

Sweetie, there are too many books on the floor.

● 좀 치울래?

Can you put them away?

● 내가 그것 좀 도와줄게.

Let me help you with that.

● 책 떨어뜨리지 않게 조심해.

Be careful not to drop the books.

● 여기 책꽂이에 두렴.

Put them back on this shelf.

 tip

floor : 바닥, 층
Be careful. The floor is slippery. 조심해. 바닥이 미끄러워.

shelf : 선반, 책꽂이
Put all the books on the shelf. 책을 모두 책꽂이에 꽂아놔.

There are ~ ~이 있다.

There are **too many books on the floor.**
바닥에 책이 너무 많다.

There are **too many toys in the living room.**
거실에 장난감이 너무 많다.

There are **swings and seesaws in the playground.**
놀이터에 시소랑 그네가 있네.

There are **shopping carts over there.**
저쪽에 쇼핑 카트가 있네.

There are **a few bottles of apple juice in the fridge.**
냉장고에 사과 주스가 몇 병 있어.

Sing together 🎵🎶

Clean Up Song for Children

Pick up the books.
책을 집으렴.
Put them away.
치우렴.
Put your things away.
정리하렴.

Day 033~041 review

Day 033 먼저, 장난감을 치워.

Day 034 네 신발 빨아야겠다.

Day 035 빨래를 같이 개자.

Day 036 카트 탈래?

Day 037 너 요리사 같아.

Day 038 어떤 모양을 만들고 싶어?

Day 039 플라스틱은 재활용이 가능해.

Day 040 일주일에 세 번은 물을 줘야 해.

Day 041 바닥에 책이 너무 많다.

Part 05

훈육할 때

Day 042

Who made your bed?
누가 네 침대를 정리했어?

make one's bed는
'~의 침대를 정리하다'라는 의미로 쓰여요.

문장 연습

- 누가 네 침대를 정리했어?

  Who made your bed?

- 네가 했어? 혼자서 했어?

  You did? Did you do it by yourself?

- 잘했네!

  Well done!

- 힘들지 않았어?

  Wasn't it hard for you?

- 너 이제 다 컸네.

  You are a big girl(boy) now.

 tip

by yourself : 혼자서, 혼자 힘으로
Try to do it by yourself. 혼자서 하려고 해 봐.

Who + 과거형 동사 누가 ~했어?

Who made your bed?
누가 네 침대를 정리했어?

Who turned off the light?
누가 불을 껐지?

Who put this here?
누가 이거 여기에 뒀니?

Who gave you this?
누가 이걸 너에게 줬어?

Who bought you this?
누가 이걸 너에게 사줬어?

Sing together 🎵

Oh, I Am A Big Boy

Oh! I am a big boy.
전 형아예요.
And this is what I do.
그리고 이게 제가 하는 일들이죠.

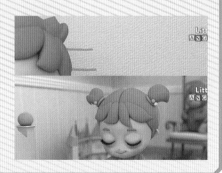

Day 043

You made it! You are the best!
네가 해냈어! 네가 최고야!

무언가를 '해냈다'라는 표현은
동사 make를 써서 나타낼 수 있어요.

문장 연습

- 뭐가 문제야?

  What's the matter?

- 조각 그림 퍼즐을
  맞추려고 하고 있구나.

  You are trying to put together the jigsaw puzzle.

- 도움이 필요하니?

  Do you need any help?

- 한번 잘 보고 다시 해 봐.

  Take a good look at it and Try again.

- 네가 해냈어! 네가 최고야!

  You made it! You are the best!

put together : 맞추다, 조립하다
I don't know how to put together this toy car.
이 장난감 자동차를 어떻게 조립하는 건지 모르겠어.

jigsaw puzzle : 조각 그림 퍼즐
Do you like putting together jigsaw puzzles? 퍼즐 맞추는 걸 좋아하세요?

Take a ~ 한번 ~하다.

Take a good look at it.
한번 잘 봐 봐.

Take a picture first.
사진을 먼저 찍으렴.

Take a bite.
한 입 먹으렴.

Take a sip.
한 모금 마시렴.

Take a nap.
낮잠을 자렴.

Sing together ♪♫

Puzzle Song

Piece by piece.
조각, 조각.

How many shapes can you see?
얼마나 많은 모양이 너는 보이니?

Day 044
Here is your present.
여기 네 선물이야.

Here로 문장을 시작하고 주어가 명사일 경우에는
Here+동사+주어의 순서로 주어와 동사의 위치가 바뀌어요.

문장 연습

- 눈 감아 봐. **Close your eyes.**
- 엿보기 없기. **No peeking.**
- 여기 네 선물이야. **Here is your present.**
- 이제 선물을 열어 봐. **Now open the present.**
- 맘에 드니? **Do you like it?**
- 네가 맘에 든다니 기분 좋다. **I am glad you like it.**

tip

peek : 엿보다, 살짝 보다, 엿보기
Do you want to take a peek at this? 너 이거 살짝 한번 볼래?

glad : 기쁜, 고마운
I am glad to hear that. 그 소식을 들으니 기쁘네요.

I am glad ～ 나는 ～해서 기쁘다.

I am glad **you like it.**
네가 맘에 든다니 기분 좋다.

I am glad **you came.**
네가 와서 기분 좋다.

I am glad **you are happy.**
네가 행복하다니 기분 좋다.

I am glad **you had fun.**
네가 재미있었다니 기분 좋다.

I am glad **you enjoyed your meal.**
네가 맛있게 먹었다니 기분 좋다.

Sing together ♪♬

Simple Gifts

We made gifts, we made gifts.
우리는 선물을 만들었어.
우리는 선물을 만들었어.

We made gifts for sharing.
나눠주려고 선물을 만들었어.

Day 045
Let me give you some good behavior stickers.
내가 칭찬 스티커 좀 줄게.

아이의 말이나 행동을 칭찬하면서 주는 스티커,
일명 칭찬 스티커는 영어로 good behavior sticker라고 해요.

문장 연습

- 엄마 도와줘서 고마워.

  Thank you for helping Mommy.

- 네가 정말 많이 도와줬어.

  You helped me a lot.

- 내가 칭찬 스티커 좀 줄게.

  Let me give you some good behavior stickers.

- 내가 하트 스티커 두 개 줄게.

  I am giving you two heart stickers.

- 스티커 판에 붙이렴.

  Stick them on the sticker chart.

 tip

behavior : 행동, 태도
Is this normal behavior? 이게 정상적인 행동인가요?

stick : 붙이다, 달라붙다, 찌르다
Stick to the original plan. 원래 계획대로 해.

Thank you for ~ing ~해줘서 고마워.

Thank you for **helping Mommy.**
엄마를 도와줘서 고마워.

Thank you for **saying so.**
그렇게 말해줘서 고마워.

Thank you for **cleaning up.**
치워줘서 고마워.

Thank you for **listening.**
들어줘서 고마워.

Thank you for **inviting us.**
우리를 초대해줘서 고마워.

Sing together ♪♫

Thank You Song

I'm thankful for my family.
나는 우리 가족에게 감사한다.

I'm thankful for my friends.
나는 내 친구들에게 감사한다.

What are you thankful for?
너는 무엇을 고마워하니?

Day 046
You should keep your promise.
약속 지켜야지.

promise는 '약속, 약속하다'라는 뜻을 가진 단어인데요.
우리가 흔히 말하는 저녁 약속 등을 이야기할 때는
plan이란 단어를 써서 dinner plan이라고 합니다.

문장 연습

- 이제 목욕하러 가자. **Now let's go take a bath.**

- 나한테 약속했잖아. **You promised me.**

- 약속 지켜야지. **You should keep your promise.**

- 그래! 책 딱 하나만 더! **Ok! Just one more book!**

- 약속할 수 있지? **Can you promise me?**

 tip

take a bath : 목욕하다
I take a shower three times a week. 저는 일주일에 세 번 목욕을 해요.

Let's go + 동사원형 ~하러 가자.

Let's go **take a bath.**
목욕하러 가자.

Let's go **have dinner.**
저녁 먹으러 가자.

Let's go **have fun.**
가서 즐거운 시간 보내자.

Let's go **play outside.**
밖에 나가서 놀자.

Let's go **watch a movie.**
영화 보러 가자.

Sing together ♪♬

Bath Song

The soap and the bubbles are filling up the tub.
비누와 거품이 욕조를 채우고 있어요.

So I'll jump in the water and scrub, scrub, scrub!
그래서 나는 물 안으로 들어가서 문질러요, 문질러요, 문질러요!

Day 047
You are eating too many sweets.
넌 단 걸 너무 많이 먹고 있어.

사탕, 초콜릿처럼 달콤한 군것질거리를 통칭하여 sweets라고 해요.

문장 연습

● 넌 단 걸 너무 많이 먹고 있어.

You are eating too many sweets.

● 오늘은 단 거 그만!

No more sweets today!

● 단 것들은 이빨을 썩게 할 수 있어.

Sweets can rot your teeth.

● 가서 양치질하렴.

Go Brush your teeth.

● 치실 하는 것도 잊지 말고.

Don't forget to floss (your teeth).

rot : 썩다, 썩게 하다
The tree is rotten. 나무가 썩었네.

floss : 치실, 치실질 하다
You have to floss your teeth every day. 매일 치실질 해야 해.

No more ~ 이제 ~는 그만.

No more sweets today.
오늘은 단 거 그만.

No more TV.
이제 TV는 그만.

No more questions.
이제 질문은 그만.

No more crying.
이제 우는 건 그만.

No more fighting.
이제 싸우는 건 그만.

Sing together ♪♫

Brush Your Teeth

Brush, brush, brush.
양치질하세요, 양치질하세요,
양치질하세요.

Brush your teeth in the
morning and night.
아침과 밤에 양치질을 하세요.

Day 048
Calm down and wipe away your tears.
진정하고 눈물 닦으렴.

tear는 동사로 '찢다'라는 뜻이지만 명사로는
'눈물'이라는 뜻이고 보통 복수로 쓰여요.

문장 연습

- 왜 그래? **What's wrong?**

- 소리 지르지 말고, 이제 울지 말고. **No yelling, No more crying.**

- 진정하고 눈물 닦으렴. **Calm down and wipe away your tears.**

- 왜 속상했는지 말해 봐. **Tell me why you are upset.**

- 엄마가 잘 듣고 있어. **Mommy is listening.**

tip

yell : 소리 지르다, 고함치다
Stop yelling at me. 나한테 그만 소리 질러.

wipe away : 닦아내다, 없애다
Let me wipe away your tears. 내가 너의 눈물을 닦아줄게.

tear : 눈물
Why did you burst into tears? 왜 갑자기 울음을 터트렸니?

Tell me + 의문사 ~를 나에게 말해 봐.

Tell me **why you are upset.**
왜 속상했는지 말해 봐.

Tell me **what happened.**
무슨 일이었는지 말해 봐.

Tell me **what is going on.**
무슨 일이 일어나고 있는지 말해 봐.

Tell me **where it is.**
그게 어디 있는지 말해 봐.

Tell me **who gave this to you.**
누가 너에게 이걸 줬는지 말해 봐.

Sing together 🎵

The Feeling Songs

You might feel many
different feelings.
너는 다양한 감정을 느낄 수도 있지.

And they're all okay.
그리고 그런 감정들은 모두 다 괜찮아.

ou might feel many different feeling
and they're all okay!

Day 049

Play nicely and share your toys.

사이좋게 놀고 장난감도 같이 쓰렴.

물건을 같이 쓰거나 먹을 것을 나눠 먹는 것,
모두 share라는 동사를 써서 나타낼 수 있어요.

문장 연습

- 누가 좀 짜증이 났나 보네.

  Someone is a little cranky.

- 친구랑 싸우지는 말고.

  Don't fight with your friends.

- 사이좋게 놀고
  장난감도 같이 쓰렴.

  Play nicely and share your toys.

- 친구를 밀면 안 돼.

  You mustn't push your friends.

- 쟤한테 미안하다고 해.

  Say sorry to him.

 tip

cranky : 짜증을 내는
You are so cranky today. 너 오늘 엄청 짜증낸다.

fight with~ : ~와 싸우다
I don't want to fight with you. 너와 싸우고 싶지 않아.

134

Say ~ ~라고 말하다.

Say sorry to him.
쟤한테 미안하다고 해.

Say goodbye to your friends.
친구들한테 작별 인사해.

Say thank you.
고맙다고 해야지.

Say cheese.
치즈라고 해 봐.

Say yes.
'네'라고 해야지.

Sing together 🎵🎶

Friends Song

I don't play alone.
난 혼자 놀지 않아요.
I have my friends.
전 친구들이 있어요.

Day 050
Don't be a picky eater.
편식하지 마.

음식에 까다롭고 편식하는 사람을 'picky eater'라고 합니다.

문장 연습

- 음식 가지고 그만 장난쳐.   **Stop playing with your food.**

- 똑바로 앉고.   **Sit up straight.**

- 젓가락으로 먹으렴.   **Use your chopsticks.**

- 편식하지 마.   **Don't be a picky eater.**

- 이 버섯 먹어 봐.   **Try this mushroom.**

 tip

chopsticks : 젓가락
Can you bring me a pair of chopsticks? 젓가락을 가져다주시겠어요?

picky : 까다로운, 별스러운
You are so picky about what you wear. 너는 뭘 입을지에 대해 정말 까다롭구나.

Stop ~ing ~를 그만하다.

Stop playing with your food.
음식 가지고 그만 장난쳐.

Stop yelling at me.
나한테 그만 소리 질러.

Stop crying.
그만 울어.

Stop running in the house.
집에서 그만 뛰어.

Stop tickling me.
그만 간지럽혀.

Sing together ♪♫

Yes Yes Vegetables Song

Peas, peas, it's time to eat your peas!
콩, 콩, 콩을 먹을 시간이야.

Yes, yes, yes, I want to eat my peas!
네, 네, 네! 저는 콩을 먹고 싶어요.

Good, good! The peas are good for you!
좋았어, 좋았어! 콩은 몸에 좋아.

Day 051
You could burn your fingers.
손가락을 데일 수 있어.

뜨거운 것에 데거나 타는 것은 동사 burn을 써서 나타내요.

문장 연습

- 이 끓고 있는 냄비에 가까이 가지 마.

  Please stay away from this boiling pot.

- 이 냄비 진짜 뜨거워.

  This pot is very hot.

- 절대 만지면 안 돼.

  You mustn't touch it.

- 손가락을 데일 수 있어.

  You could burn your fingers.

- 가까이 가지 말라고 말했잖아.

  I told you to stay away.

 tip

stay away : ~에 가까이 가지 않다
You have to stay away from the window. 창문에 가까이 가지 않아야 해.

pot : 냄비, 솥
This pot is not clean. Use another one. 이 냄비는 깨끗하지 않네. 다른 걸 써.

I told you to ~ 나는 너에게 ~하라고 말했다.

I told you to **stay away.**
가까이 가지 말라고 말했잖아.

I told you to **stop.**
그만하라고 말했잖아.

I told you to **clean up.**
치우라고 말했잖아.

I told you to **come here.**
여기로 오라고 말했잖아.

I told you to **be quiet.**
조용히 하라고 말했잖아.

Sing together ♪♬

Be Careful In the Kitchen

Please don't touch the boiling pot.
끓고 있는 냄비를 만지지 마.
Don't touch.
만지지 마.

Please don't touch the boiling pot

Day 052

Who drew on the wall?
누가 벽에 낙서를 했어?

색칠하지 않고 연필, 펜 등으로 그리는 것은 draw,
색칠하다는 color라고 해요.

문장 연습

- 누가 벽에 낙서를 했어?

  Who drew on the wall?

- 네가 했어?

  왜 벽에다 낙서를 했니?

  You did? Why did you draw on the wall?

- 벽에 낙서하지 말라고 말했잖아.

  I told you not to draw on the walls.

- 이건 지워지지 않아.

  It can not be erased.

- 스케치북에 그리렴.

  Draw on your sketchbook.

 tip

draw : 그리다
What are you drawing? 뭘 그리고 있니?

erase : 지우다
I am trying to erase this on the wall. 벽에 그려진 이걸 지우려고 하는 중이야.

I told you not to ~ 나는 너에게 ~하지 말라고 말했다.

I told you not to **draw on the walls.**
벽에 낙서하지 말라고 말했잖아.

I told you not to **run in the halls.**
복도에서는 뛰지 말라고 말했잖아.

I told you not to **push your friends.**
친구를 밀지 말라고 말했잖아.

I told you not to **yell at me.**
나한테 소리 지르지 말라고 말했잖아.

I told you not to **jump on the bed.**
침대에서 뛰지 말라고 말했잖아.

Sing together

Drawing Song

Let's draw something nice together.
멋진 무언가를 같이 그려보자.

Come with me.
나랑 같이 가자.

We must add some happy birdies,

Day
053

How many times do I have to tell you?

몇 번을 말해야 하니?

횟수는 times라고 하고 한 번은 once,
두 번은 twice 또는 two times,
그 다음부터는 three times, four times로 나타내요.

문장 연습

- 뭐하고 있어? **What are you doing?**

- 내 말 못 들었어? **Didn't you hear me?**

- 신발 신으라고 했잖아. **I told you to put on your shoes.**

- 몇 번을 말해야 하니? **How many times do I have to tell you?**

- 엄마 화나려고 해. **Mommy is getting angry.**

 tip

hear : 듣다, 들리다
Speak up! I can't hear you. 크게 말해. 안 들려.

put on : 입다, 신다
Let's go! Put on your jacket. 가자! 잠바 입으렴.

Didn't you ~? 너는 ~하지 않았니?

Didn't you **hear me?**
내 말 못 들었어?

Didn't you **eat breakfast?**
아침 식사 안 했어?

Didn't you **get up early?**
일찍 일어나지 않았어?

Didn't you **clean your room?**
네 방을 치우지 않았어?

Didn't you **make your bed?**
침대 정리를 하지 않았어?

Sing together ♪♬

What Do You Hear?

Listen. Listen.
잘 들어 봐, 잘 들어 봐.
What do you hear?
무슨 소리가 들려?

Day 054

Are you still angry with me?
아직 나한테 화났어?

'~에게 화가 난'이란 표현은 angry with 또는 angry at으로 나타내요.

문장 연습

● 아직 나한테 화났어?   **Are you still angry with me?**

● 소리 질러서 미안해.   **I am sorry for yelling.**

● 엄마가 속상했었어.   **Mommy was upset.**

● 용서해줄 수 있어?   **Can you forgive me?**

● 용서해줘서 고마워.   **Thank you for forgiving me.**

yell : 소리 지르다, 고함치다
Stop yelling at me. 나한테 그만 소리 질러.

forgive : 용서하다
I can't forgive you for what you did. 나는 네가 한 일을 용서할 수 없어.

I am sorry for ~ 나는 ~해서 미안해.

I am sorry for **yelling.**
소리 질러서 미안해.

I am sorry for **being late.**
늦어서 미안해.

I am sorry for **getting mad.**
화내서 미안해.

I am sorry for **breaking the promise.**
약속을 깨서 미안해.

I am sorry for **breaking your heart.**
네 마음을 아프게 해서 미안해.

Sing together 🎵

I Am Sorry / Excuse Me Song

Sorry, excuse me.
미안해요, 실례할게요.

Sorry, excuse me.
미안해요, 실례할게요.

These are the nice words you can say.
이게 네가 이야기할 수 있는 친절한 말들이야.

Day 042~054 review

Part 06

아프거나
다쳤을 때

감기에 걸렸을 때

Day 055

You have to take a day off.
너는 하루 쉬어야겠다.

학교, 회사를 가지 않고 하루 쉬는 것은
take a day off라고 표현해요.

문장 연습

- 너 기침하고 콧물 나네.

  You have a cough and runny nose.

- 네가 감기에 걸린 것 같네.

  I think you have a cold.

- 너 괜찮니?

  Are you feeling okay?

- (유치원) 하루 쉬어야겠다.

  You have to take a day off (from kindergarten).

- 좀 쉬도록 해.

  You should get some rest.

 tip

cough : 기침, 기침을 하다
I can't stop coughing. 기침을 멈출 수가 없어.

runny : 콧물(눈물)이 흐르는
I have a runny nose again. 저는 다시 콧물이 나요.

148

Are you ~ing? 너는 ~하고 있니?

Are you feeling okay?
너 괜찮니?

Are you crying?
너 울고 있니?

Are you having fun?
재미있니?

Are you talking to me?
나한테 말하는 거야?

Are you listening to me?
내 말 듣고 있니?

Sing together 🎵🎶

Sick Song

Rest, little baby. I'll care for you.
쉬렴. 아가야. 내가 너를 돌봐줄게.

You'll get well soon, I'll make sure you do.
곧 나을 거야. 내가 꼭 낫도록 해줄게.

Day 056 Are you hurt?
다쳤어?

hurt는 육체적, 정신적으로 '다치다, 다치게 하다, 아프게 하다, 다친, 기분이 상한' 등의 뜻을 가진 단어입니다.

문장 연습

● 다쳤어? — **Are you hurt?**

● 어디 보자. 네 무릎에서 피가 나네. — **Let me see. Your knee is bleeding.**

● 내가 반창고 가져 올게. — **I will get a Band-Aid.**

● 괜찮을 거야. — **It is going to be okay.**

● 다음에는 넘어지지 않게 조심해. — **Be careful not to fall over next time.**

bleed : 피가 나다
Is my nose bleeding? 내 코에서 피가 나고 있나요?

Band-Aid : 반창고
Do you have a Band-Aid? 반창고 있으세요?

fall over : 넘어지다
You may fall over. 너 넘어질 수도 있어.

It is going to ~ ~할 것이다.

It is going to **be okay.**
괜찮을 거야.

It is going to **be fun.**
재미있을 거야.

It is going to **rain soon.**
곧 비가 올 거야.

It is going to **hurt a little.**
좀 아플 거야.

It is going to **be over soon.**
곧 끝날 거야.

Sing together ♪♫

The Boo Boo Song

There, there, baby, it's okay.
자, 자! 아가야, 괜찮아.

I know it hurts, wipe your tears away.
아프다는 걸 알아. 눈물을 닦으렴.

Day 057
Blow your nose into a tissue.
휴지에다 코 풀어.

코를 풀 때 쓰는 휴지는 tissue라고 하고,
식당에서 쓰는 휴지는 napkin이라고 해요.

문장 연습

- 코 후비지 마.

Don't pick your nose.

- 코가 막혔구나.

Your nose is stuffy.

- 휴지에다 코 풀어.

Blow your nose into a tissue.

- 큰 코딱지 좀 봐.

Look at this big booger.

- 휴지를 쓰레기통에 넣어.

Put this tissue in the trash can.

tip

stuffy : 답답한
I have a sore throat and stuffy nose. 목도 아프고 코도 막혔어.

booger : 코딱지
Please don't eat your boogers. 코딱지 먹지 마!

trash can : 쓰레기통
There is a trash can over there. 저기 쓰레기통이 있네.

Don't ~ ~하지 마. ~하지 않도록 하다.

Don't pick your nose.
코 후비지 마.

Don't go there.
거기 가지 마.

Don't lie to me.
나한테 거짓말하지 마.

Don't throw the pillow.
베개 던지지 마.

Don't touch that.
그거 만지지 마.

Sing together ♪♬

No No Pick Your Nose

When you pick your nose
네가 코를 파면
Germs have lots of fun, fun, fun.
세균들은 아주 즐거워해.

Where Is It

Day 058
Do you have something in your eye?
눈에 뭐가 들어갔니?

의문문이지만 듣는 사람이 yes라고 대답하리라는
화자의 확신이 있을 때는 any 대신에 some를 써요.

문장 연습

● 눈 비비지 말아야 해.

You shouldn't rub your eyes.

● 눈에 뭐가 들어갔니?

Do you have something in your eye?

● 어디 보자.

Let's see.

● 눈 안에 속눈썹이 있네.

You have an eyelash in your eye.

● 내가 꺼내줄게.

Let me take it out for you.

 tip

rub : 문지르다
Why are you rubbing your nose? 왜 코를 문지르고 있어?

eyelash : 속눈썹
She's got long eyelashes. 그녀는 긴 속눈썹을 가지고 있어.

Do you have ~ 너의 (　)가 ~한 상태이니?

Do you have something in your eye?
눈에 뭐가 들어갔니?

Do you have a cold?
감기 걸렸니?

Do you have any questions?
질문 있니?

Do you have any idea?
아이디어 있어?

Do you have a moment?
잠깐 시간 있어?

Sing together ♪♬

No No Rub Your Eyes

Eyes are so itchy.
눈이 너무 간지러워.

Rubbing, rubbing, rubbing!
문지르고, 문지르고, 문질러!

Day 059

Look at these mosquito bites on your face.
얼굴에 모기 물린 것 좀 봐라.

bite은 동사도 되고 명사도 되는 단어로
모기에 물린 곳은 mosquito bite이라고 표현해요.

문장 연습

- 너 모기한테 물렸네. **You got bitten by mosquitoes.**

- 얼굴에 모기 물린 것 좀 봐라. **Look at these mosquito bites on your face.**

- 많이 간지럽지, 그렇지 않니? **They itch a lot, don't they?**

- 긁지 않도록 해. **Try not to scratch.**

- 이게 가렵지 않게 해줄 거야. **This helps stop the itching.**

 tip

itch : 가렵다, 가렵게 하다
This scarf itches. 이 목도리는 (두르면) 정말 가려워.

scratch : 긁다, 할퀴다
Please don't scratch. 긁지 마.

Try not to ~ ~하지 않도록 하다.

Try not to scratch.
긁지 않도록 해.

Try not to spill the water.
물을 쏟지 않도록 해.

Try not to raise your voice.
목소리 높이지 않도록 해.

Try not to be afraid.
두려워하지 않도록 해.

Try not to worry.
걱정하지 않도록 해.

Sing together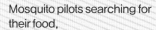

Go Away! Bad Mosquitoes

Mosquito pilots searching for
their food,
음식을 찾고 있는 모기 비행사들.

Where is it?
어디 있지?

Day 060

Your face is tanned.
네 얼굴이 탔네.

tan은 동사로는 '햇볕에 타다, 그을리다'라는
뜻을 가지고 있고 과거 분사형인 'tanned'는
'햇볕에 그을린, 탄'의 의미가 됩니다.

문장 연습

- 거울 봐 봐.

  Look in the mirror.

- 네 얼굴이 탔네.

  Your face is tanned.

- 너 선크림 발랐었지. 그렇지 않니?

  You put on sunscreen, didn't you?

- 네 얼굴이 화끈거리니?

  Is your face burning?

- 내가 애프터 선 로션 좀 발라줄게.

  Let me put some after-sun lotion on your face.

 tip

tan : 햇볕에 타다, 그을리다
I don't know why my face is tanned. 얼굴이 왜 탔는지 모르겠어.

burn : 화끈거리다, 타다
I can smell something burning. 뭔가 타는 냄새가 나요.

Your (　) is(are) + 과거분사

너의 (　)가 ~한 상태이다.

Your **face** is **tanned.**
네 얼굴이 탔네.

Your **hair** is **tangled.**
네 머리카락이 엉켰네.

Your **lips** are **chapped.**
네 입술이 텄네.

Your **pants** are **torn.**
네 바지가 찢어졌네.

Your **toy car** is **broken.**
네 장난감 자동차가 부서졌네.

Sing together ♪♬

The Beach Song

Lay our beach towels out on the sand
모래 위에 비치 타월을 놓고

Soak up the sun and get a suntan!
햇볕을 쬐고 선탠을 해!

Day 061
Let me rub your tummy.
내가 배 문질러줄게.

tummy는 주로 아이들에게 쓰는 단어로
우리 몸의 배를 말해요.

문장 연습

- 배 아프니? **Do you have a stomachache?**

- 내가 배 문질러줄게. **Let me rub your tummy.**

- 이제 괜찮니? **Are you okay now?**

- 화장실 가고 싶어? **Do you want to go potty?**

- 응가하고 나면 괜찮아질 거야. **After you poop, you will be okay.**

 tip

stomachache : 복통
I have a very bad stomachache. 난 심한 복통이 있어요.

go potty : 용변을 보다(유아어)
Mom, I want to go potty. 엄마, 나 화장실 가고 싶어요.

poop : 응가, 응가하다
Do you want to poop? 응가하고 싶어?

Do you have a (통증)? 너는 ~가 아프니?

Do you have a **stomachache?**
배 아프니?

Do you have a **heartache?**
가슴이 아프니?

Do you have a **headache?**
머리 아프니?

Do you have a **toothache?**
이빨 아프니?

Do you have a **backache?**
허리 아프니?

Sing together ♪♫

Yes, Yes Go Potty

What's the matter,
Baby John, Baby John?
왜 그래? 우리 존!

Is there something going on,
going on?
무슨 일 있어?

It's my tummy. 제 배예요.

I think I have to go to the potty.
화장실에 가야 할 것 같아요.

Day 055~061 review

Day 055 너는 하루 쉬어야겠다.

Day 056 다쳤어?

Day 057 휴지에다 코 풀어.

Day 058 눈에 뭐가 들어갔니?

Day 059 얼굴에 모기 물린 것 좀 봐라.

Day 060 네 얼굴이 탔네.

Day 061 내가 배 문질러줄게.

Part 07

설명해줄 때

Day 062

Get on your bike.
네 자전거를 타렴.

'(교통수단)을 타다'라고 할 때 쓸 수 있는
동사는 take, catch, ride, get on 등 다양해요.

문장 연습

- 먼저, 헬멧을 쓰렴.

  First, put on your helmet.

- 네 자전거를 타렴.

  Get on your bike.

- 뒤돌아보지 마.

  Don't look back.

- 앞을 잘 봐야지.

  Watch where you are going.

- 넘어지지 않게 조심하고.

  Be careful not to fall over.

 tip

fall over : 넘어지다
I fell over on the street yesterday. 전 어제 길에서 넘어졌어요.

Get in(on) ~ ~를 타다.

Get on your bike.
네 자전거를 타렴.

Get on the bus.
버스를 타렴.

Get on the train.
기차를 타렴.

Get in the car.
차에 타렴.

Get in the elevator.
엘리베이터를 타렴.

Sing together 🎵🎶

Riding A Bike Song

Pedal up, up, up, up, up the hil.
페달을 밟아서 언덕 위로 위로
위로 위로 위로 올라가요.

And race down the other side.
그리고 다른 쪽으로 쌩 내려오지요.

Day 063

One plus one is two.
1 더하기 1은 2.

더하기는 plus, 빼기는 minus로 표현해요.

문장 연습

- 1 더하기 1은 2.
- 3 빼기 2는 1.
- 4 더하기 1은….
- 손가락을 써 봐.
- 맞았어. 정말 똑똑하네!

One plus one is two.

Three minus two is one.

Four plus one is….

You can use your fingers.

That's right. How smart!

tip

plus : 더하기
Two plus three is five. 2 더하기 3은 5.

minus : 빼기
Seven minus one is six. 7 빼기 1은 6.

How ~ 정말 ~하다.

How smart!
정말 똑똑하네!

How sweet!
정말 상냥하네!

How sad!
정말 슬프네!

How rude!
정말 무례하네!

How nice!
정말 좋네!

Sing together ♪♬

Addition +1 Kids Song

Let's practice adding one!
1 더하기를 연습해보자.

Zero plus one is one.
0 더하기 1은 1.

One plus one is two.
1 더하기 1은 2.

0+1	1+1	2+1
1		
4+1	**3+1**	7+1
8+1		11+1

Day 064
I will tell you a riddle.
내가 수수께끼 하나 낼게.

'수수께끼를 ～에게 내다'라는 표현은
tell (사람) a riddle이라고 해요.

문장 연습

- 내가 너에게 수수께끼 하나 낼게. **I will tell you a riddle.**

- 뭔지 알겠어? **Can you guess what it is?**

- 힌트 하나 더 줄게. **Let me give you one more hint.**

- 네가 맞혔어! **You got it.**

- 나한테 수수께끼 하나 내볼래? **Do you want to tell me a riddle?**

 tip

riddle : 수수께끼, 수수께끼 같은 일
Do you like riddles? 수수께끼 좋아해?

I will ~ 내가 ~할 것이다.

I will tell you a riddle.
내가 너에게 수수께끼 하나 낼게.

I will help you.
내가 너를 도와줄게.

I will call you later.
내가 나중에 너에게 전화할게.

I will be back soon.
난 곧 돌아올 거야.

I will study hard.
난 열심히 공부할 거야.

Sing together ♪♬

Guess Who?

Can you guess who I might be?
내가 누구일지 맞출 수 있어?

Happy Halloween!
해피 할로윈!

We are Halloween friends!
우리는 할로윈 친구들!

Day 065

Watch me write the letter.
내가 이 글자 쓰는 것을 잘 봐 봐.

알파벳 대문자는 capital letter,
소문자는 small letter라고 해요.

문장 연습

- 이건 A라고 하는 거야.

  This is the letter A.

- 내가 이 글자 쓰는 것을 잘 봐 봐.

  Watch me write the letter.

- A는 이렇게 쓰는 거야.

  This is the way we write the letter A.

- 연필 하나 잡아 봐.

  Hold a pencil.

- 한번 해 봐.

  Give it a try.

 tip

hold : 잡다, 유지하다, 견디다
Can you hold the door for me? 문 좀 잡아줄래요?

give it a try : 시도해보다
Why don't you give it a try? 한번 시도해보지 그래?

This is the way we ~ ~는 이렇게 하는 거야.

This is the way we **write the letter A.**
A는 이렇게 쓰는 거야.

This is the way we **eat spaghetti.**
스파게티는 이렇게 먹는 거야.

This is the way we **fold our laundry.**
빨래는 이렇게 개는 거야.

This is the way we **put on our socks.**
양말은 이렇게 신는 거야.

This is the way we **put on our pants.**
바지는 이렇게 입는 거야.

Sing together ♪♬

ABC Songs with Balloons

Now I know my ABCs.
이제 난 abc를 알아요.

Next time, won't you sing with me!
다음에 저랑 같이 노래를 부를래요?

Day 066
Tomorrow is December 2nd.
내일은 12월 2일이야.

날짜에서 일(day)은 1st, 2nd,
이런 식으로 서수로 나타내요.

문장 연습

● 달력 한 번 봐 봐.

Take a look at the calendar.

● 오늘은 12월의 첫 날이야.

Today is the first day of December.

● 내일은 12월 2일이고.

Tomorrow is December 2nd.

● 넌 다음달에 6살이 되네.

You are turning six years old next month.

● 시간 빠르다. 그렇지 않니?

Time flies, doesn't it?

turn : ~가 되다, 변하다, 돌다
I am turning 30 in May. 난 5월에 서른 살이 돼.

fly : 날다, 아주 빨리 가다, (비행기 등을) 타고 가다
We flew to Jeju. 우리는 비행기를 타고 제주도에 갔다.

You are ~ing 너는 ~하고 있는 중이다.

You are turning six years old next month.
넌 다음달에 6살이 되네.

You are doing great.
넌 아주 잘하고 있어.

You are eating too much.
넌 너무 많이 먹고 있어.

You are making too much noise.
넌 너무 시끄럽게 하고 있어.

You are being cranky today.
넌 오늘따라 짜증을 내는구나.

Sing together ♪♬

Months of the Year Song

These are the months of the year.
1년의 달(months)들이야.

There are twelve months in a year.
1년에는 12개의 달이 있지.

Day 067

Today is Thursday.
오늘은 목요일이야.

요일은 항상 대문자로 시작해요.

문장 연습

- 오늘은 목요일이야.

  Today is Thursday.

- 내일은 무슨 요일일까?

  What day is tomorrow?

- 내일은 금요일이지.

  Tomorrow is Friday.

- 금요일 다음에 토요일이야.

  Saturday comes after Friday.

- 토요일과 일요일에는
  유치원에 안 가는 거야.

  You don't go to kindergarten on Saturdays and Sundays.

kindergarten : 유치원
How is kindergarten? 유치원은 어떠니?

You don't ~ 너는 ~하지 않는다.

You don't go to kindergarten on Saturdays and Sundays.
토요일과 일요일에는 유치원에 안 가는 거야.

You don't have a choice.
넌 선택의 여지가 없어.

You don't understand.
넌 이해를 못해.

You don't believe me.
넌 나를 믿지 않는구나.

You don't like carrots, do you?
넌 당근을 좋아하지 않는구나. 그렇지?

Sing together ♪♬

Days Of The Week Song

Sunday, Monday, Tuesday,
Wednesday, Thursday, Friday,
Saturday.
일요일, 월요일, 화요일, 수요일,
목요일, 금요일, 토요일

Day 068

It is 8:45.
8시 45분이네.

현재 시각을 나타낼 때는
비인칭 주어 It을 써서 It is로 시작해요.

문장 연습

- 지금 몇 시야?

What time is it?

- 8시 45분이네.

It is 8:45.

- 우린 시간이 많지 않아.

We don't have much time.

- 우린 15분밖에 없어.

We only have 15 minutes.

- 밥부터 다 먹지 그래?

Why don't you finish your meal first?

 tip

meal : 식사, 끼니
Enjoy your meal. 맛있게 먹으렴.

Why don't you ~? 너는 ~하는 게 어때?

Why don't you finish your meal first?
밥부터 다 먹지 그래?

Why don't you go to bed?
자러 가는 게 어때?

Why don't you take a break?
좀 쉬는 게 어때?

Why don't you read some books?
책을 좀 보는 게 어때?

Why don't you drink some water?
물을 좀 마시는 게 어때?

Sing together ♪♫

Telling Time 1

What time is it?
지금 몇 시예요?

Tick-tock!
똑딱!

Day 069
You are wearing your t-shirt backwards.
티셔츠를 거꾸로 입고 있네.

앞뒤가 바뀐 것은 backwards,
위아래가 바뀐 것은 upside down,
안쪽과 바깥 쪽이 바뀐 것은 inside out이라고 표현해요.

문장 연습

● 우리 애기, 갈 준비되었니?

Honey, are you ready to go?

● 엄마한테 와 봐.

Please come to Mommy.

● 어디 보자. 티셔츠를
거꾸로 입고 있네. (앞뒤)

Let's see. You are wearing your t-shirt backwards.

● 이 라벨은 목 뒤에 있어야 해.

This label should be behind your neck.

● 제대로 입게 도와줄게.

I will help you put it on properly.

 tip

backwards : 뒤로, 거꾸로
Take one step backwards. 뒤로 한 발자국 가 봐.

label : 상표, 라벨
I cut off the label. 내가 상표를 잘라냈어.

properly : 제대로, 적절히
My laptop computer is not working properly. 내 노트북이 제대로 작동을 하지 않아요.

You are wearing ~ 너는 ~를 입고 있다.

You are wearing **your t-shirt backwards.**
너는 티셔츠를 거꾸로 입고 있네. (앞뒤)

You are wearing **your panties inside out.**
너는 팬티를 뒤집어서 입고 있네. (안팎)

You are wearing **your watch upside down.**
너는 시계를 거꾸로 차고 있네. (위아래)

You are wearing **your shoes on the wrong feet.**
너는 신발을 짝짝이로 신고 있네.

You are wearing **Mommy's socks.**
너는 엄마 양말을 신고 있네.

Sing together ♪♬

How to Get Dressed

After you wake up
잠에서 깬 후에는
It's time to get dressed.
옷을 입을 시간이야.

Day 070
You should brush your teeth up and down.
양치질은 위아래로 해야 해.

이빨 하나는 tooth, 여러 개는 teeth라고 표현해요.

문장 연습

● 양치질은 위아래로 해야 해.

You should brush your teeth up and down.

● 어떻게 하는 건지 보여줄게.

Let me show you how to do it.

● 양치질은 이렇게 하는 거야.

This is the way we brush our teeth.

● 혓바닥도 닦으렴.

Clean your tongue.

● 입 헹궈.

Rinse your mouth.

 tip

tongue : 혀, 혓바닥
Stick out your tongue. 혓바닥 내밀어 봐.

rinse : 헹구다
Please rinse out this bottle. 이 병을 헹궈주세요.

Let me show you how to ~
내가 너에게 ~를 어떻게 하는지 보여줄게.

Let me show you how to **do it.**
어떻게 하는 건지 보여줄게.

Let me show you how to **make cookies.**
쿠키를 어떻게 만드는 건지 보여줄게.

Let me show you how to **draw a star.**
별을 어떻게 그리는 건지 보여줄게.

Let me show you how to **use this.**
이걸 어떻게 사용하는 건지 보여줄게.

Let me show you how to **open a bottle.**
병을 어떻게 여는 건지 보여줄게.

Sing together ♪♫

Brush Your Teeth

Up and down, Left to right.
위아래로, 왼쪽에서 오른쪽으로.

Up and down, up and down.
위아래로, 위아래로.

Brush and brush all the way through.
꼼꼼하게 치카, 치카.

Left and right,

Day 071
Did you wash your hands with soap?
비누로 손 씻었어?

비누는 영어에서 셀 수 없는 명사로
앞에 a를 붙이지 않아요.

문장 연습

- 네 손이 아직도 끈적거리네.

  Your hands are still sticky.

- 비누로 손 씻었어?

  Did you wash your hands with soap?

- 내가 손 씻는 걸 도와줄게.

  Let me help you wash your hands.

- 손은 이렇게 씻는 거야.

  This is the way we wash our hands.

- 수건으로 손 닦으렴.

  Wipe your hands on the towel.

 tip

sticky : 끈적끈적한, 달라붙는
Look at your sticky fingers. 네 끈적끈적한 손가락 좀 봐라.

wipe : 닦다, 지우다
Wipe away your tears. 눈물 닦으렴.

Let me help you ~ 내가 ~하는 것을 도와줄게.

Let me help you **wash your hands.**
내가 손 씻는 걸 도와줄게.

Let me help you **brush your teeth.**
내가 양치질하는 걸 도와줄게.

Let me help you **put on your shoes.**
내가 신발 신는 걸 도와줄게.

Let me help you **move this.**
내가 이걸 옮기는 걸 도와줄게.

Let me help you **clean your room.**
내가 방 정리하는 걸 도와줄게.

Sing together ♪♬

Wash Your Hands

If we play outside,
we must wash our hands.
만약 밖에서 놀았다면
우리는 꼭 손을 씻어야 해.

If we go outside to play,
we must wash the germs away.
우리가 만약 놀러 나갔다면
세균을 씻어내야 해.

BEFORE WE EAT, WE WASH, WASH OUR HANDS

Day 072

You are two years older than her.

네가 동생보다 2살이 많아.

비교급 문장을 만들 때 구체적인 숫자는 비교급 앞에 써요.

문장 연습

- 넌 몇 살이지?
  How old are you?

- 네 여동생은 몇 살이야?
  How old is your sister?

- 누가 더 나이가 많아?
  Who is older?

- 네가 동생보다 2살이 더 많아.
  You are two years older than her.

- 넌 이제 7살이 되는 거야.
  You are turning seven years old.

 tip

than : ~보다

It is more expensive than I thought. 내가 생각했던 것보다 비싸네.

How ~? ~는 몇이지?

How old are you?
몇 살이지?

How tall are you?
키는 몇이지?

How much do you weigh?
몸무게는 몇이지?

How old is Mommy?
엄마는 몇 살일까?

How tall is Daddy?
아빠는 키가 몇일까?

Sing together 🎵

How Old Are You?

How old are you?
너는 몇 살이지?
I'm five years old.
난 5살이에요.

Day 073

How is the weather today?
오늘 날씨가 어때?

'What is the weather like today?'라고도 할 수 있어요.

문장 연습

- 창 밖을 봐 봐.　　　**Look out the window.**

- 오늘 날씨가 어때?　　**How is the weather today?**

- 어디 보자. 날씨가 흐리네.　**Let's see. It is cloudy.**

- 오늘 오후에 비가 오겠다.　**It is going to rain** this afternoon.

- 우산 가지고 가자.　　**Let's take an umbrella.**

this afternoon : 오늘 오후
What are you going to do this afternoon? 오늘 오후에 뭐 할 거야?

It is ~(날씨) 날씨가 ~하다.

It is cloudy.
날씨가 흐리네.

It is rainy.
비가 오네.

It is snowy.
눈이 오네.

It is windy.
바람이 부네.

It is foggy.
안개가 끼었네.

Sing together ♪♬

How's The Weather?

Let's look outside.
밖을 보자.

How's the weather?
날씨가 어때?

Is it sunny today?
오늘은 날씨가 화창하니?

Day 074
Winter is around the corner.
곧 겨울이야.

around the corner(모퉁이 돌아서)라는 표현은
어떤 시기가 곧 다가온다고 말할 때 쓰는
관용적 표현이에요.

문장 연습

● 떨어지는 잎들 좀 봐.

Look at those falling leaves.

● 곧 겨울이네.

Winter is around the corner.

● 날씨가 점점 추워지고 있어.

It is getting colder.

● 넌 추운 날씨를 좋아하지 않잖아.
그렇지?

**You don't like cold weather,
do you?**

● 그런데 크리스마스는 겨울이야.

But, Christmas is in winter.

leaf : 잎
Let's kick the fallen leaves. 낙엽들을 발로 차보자!

~ getting 비교급 점점 더 ~해진다.

It is getting **colder.**
날씨가 점점 더 추워진다.

Days are getting **longer.**
낮이 점점 더 길어지고 있어.

The water is getting **warmer.**
물이 점점 더 따뜻해지고 있어.

You are getting **taller.**
너는 키가 점점 더 크고 있네.

I am getting **angrier.**
나는 점점 더 화가 나고 있어.

Sing together ♪♬

If You Know All the Seasons

If you know all the seasons,
네가 모든 계절을 다 안다면
clap your hands.
손뼉을 치렴.

Day 075

There is too much dust in the air today.

오늘 밖에 먼지가 많네.

미세먼지는 fine dust라고 표현할 수 있는데
아이가 아직 잘 모를 때는 쉽게 dust라고 말해주세요.

문장 연습

- 오늘 밖에 먼지가 많네.

  There is too much dust in the air today.

- 우리는 마스크를 쓰는 게 좋겠다.

  We had better wear masks.

- 마스크 벗지 마.

  Please don't take off your mask.

- 먼지들은 네 건강에 나빠.

  The dust is bad for your heath.

- 물을 많이 마셔야겠다.

  We have to drink a lot of water.

dust : 먼지, 먼지를 털다
There is a lot of dust on the floor. 바닥에 먼지가 많다.

take off : 벗다, 이륙하다
Why don't you take off your coat? 코트를 벗지 그래?

We had better ~ 우리는 ~하는 게 좋겠다.

We had better wear masks.
우리는 마스크를 쓰는 게 좋겠다.

We had better leave now.
우리는 지금 가는 게 좋겠다.

We had better take this bus.
우리는 이 버스를 타는 게 좋겠다.

We had better stay inside.
우리는 안에 있는 게 좋겠다.

We had better see a doctor.
우리는 진찰을 받는 게 좋겠다.

Sing together ♪♬

Let's Clean the Dust.

Look.
봐 봐.

There's so much dust around here.
여기에 먼지가 너무 많아.

Getting all the dust

Day 076
It is raining outside.
밖에 비가 온다.

날씨를 나타날 때는 비인칭 주어 It으로 시작해요.

문장 연습

- 밖에 비가 오네.

It is raining outside.

- 우리는 우산을 챙겨가야겠다.

We should take an umbrella with us.

- 비옷도 입을래?

Do you want to wear your raincoat too?

- 바닥이 미끄러워.

The floor is slippery.

- 넘어지지 않게 조심해.

Be careful not to fall over.

slippery : 미끄러운, 미끈거리는
Watch out! The roads are very slippery. 조심해. 길이 아주 미끄러워.

fall over : 넘어지다
I fell over on the street. 난 길에서 넘어졌다.

We should ~ 우리는 ~해야 한다.

We should take an umbrella with us.
우리는 우산을 챙겨 가야겠다.

We should be quiet in here.
우리는 여기 안에서는 조용히 해야겠다.

We should go to bed early.
우리는 일찍 잠자리에 들어야겠다.

We should try again.
우리는 다시 시도해봐야겠다.

We should hurry up.
우리는 서둘러야겠다.

Sing together ♪♬

Rain, Rain, Go Away

Rain, rain, go away.
비야, 비야, 물러가라.

Come again another day.
다른 날 다시 와라.

All the family wants to play.
가족들 모두 놀고 싶어 해.

Day 077
It is snowing heavily.
눈이 많이 내리고 있어.

'눈이나 비가 많이 온다'와 같은 날씨에 관련된 표현에서는 heavily를 붙여서 '세게, 많이'라는 의미를 더할 수 있어요.

문장 연습

- 눈이 많이 내리고 있어.   **It is snowing heavily.**
- 눈사람을 만들러 가자.   **Let's go make a snowman.**
- 네 벙어리장갑 잊지 말고.   **Don't forget your mittens.**
- 따뜻한 잠바 입어야 해.   **You have to wear a warm jacket.**
- 밖에 분명 추울 거야.   **It must be cold outside.**

 tip

mittens : 벙어리장갑
Did you lose your mittens? 네 벙어리장갑을 잃어버렸니?

Don't forget your ~ 너의 ~를 잊지 마.

Don't forget your **mittens.**
네 벙어리장갑 잊지 말고.

Don't forget your **backpack.**
네 가방 잊지 말고.

Don't forget your **mask.**
네 마스크 잊지 말고.

Don't forget your **scooter.**
네 킥보드 잊지 말고.

Don't forget your **umbrella.**
네 우산 잊지 말고.

Sing together 🎵

Little Snowflake

Snowflake, snowflake,
little snowflake.
눈송이, 눈송이, 작은 눈송이.

Little snowflake falling from
the sky.
하늘에서 떨어지는 작은 눈송이.

Day 062~077 review

Day 062 네 자전거를 타렴.

Day 063 1 더하기 1은 2

Day 064 내가 수수께끼 하나 낼게.

Day 065 내가 이 글자 쓰는 것을 잘 봐 봐.

Day 066 내일은 12월 2일이야.

Day 067 오늘은 목요일이야.

Day 068 8시 45분이네.

Day 069 티셔츠를 거꾸로 입고 있네.

Day 070 양치질은 위아래로 해야 해.

Day 071 비누로 손 씻었어?

Day 072 네가 동생보다 2살이 많아.

Day 073 오늘 날씨가 어때?

Day 074 곧 겨울이야.

Day 075 오늘 밖에 먼지가 많네.

Day 076 밖에 비가 온다.

Day 077 눈이 많이 내리고 있어.

Part 08

신체,
생리현상

Let me measure your height.

Day 078

네 키를 재볼게.

높이 또는 키는 height이라고 해요.
이는 high(높은)에서 약간 다른 형태로 바뀐 것이에요.

문장 연습

- 네 키를 재볼게.

  Let me measure your height.

- 머리 똑바로 하고.

  Keep your head straight.

- 너는 108센티미터네.

  You are 108 centimeters tall.

- 너는 지난달보다 1센티 더 크네.

  You are one centimeter taller than last month.

- 키가 점점 더 크고 있어.

  You are getting taller.

tip

measure : 재다, 측정하다
How can I measure my height at home? 집에서 제 키를 어떻게 잴 수 있을까요?

height : 높이, 신장
I am afraid of heights. 전 높은 곳을 무서워해요.

You are + 비교급 너는 ~보다 더 ~하다.

You are one centimeter taller than last month.
너는 지난달보다 1센티 더 크네.

You are five centimeters shorter than your brother.
너는 네 오빠보다 5센티 작아.

You are two years older than your sister.
너는 네 여동생보다 2살이 더 많지.

You are taller than I thought.
너는 내가 생각한 것보다 키가 더 크네.

You are heavier than you look.
너는 보기보다 무겁구나.

Sing together ♪♫

Measuring Your Height Song

You are getting taller.
너는 키가 더 크고 있구나.
You are getting taller.
너는 키가 더 크고 있어.
It's growing up, I love it, I love it.
자라고 있는 것이지. 난 그게 정말 좋아.
난 그게 정말 좋아.

Day 079 How much do you weigh?
너는 몸무게가 몇이지?

몸무게를 묻는 표현은 키(How tall ~) 또는
나이(How old ~)를 묻는 표현과는 달라요.

문장 연습

- 너는 몸무게가 몇이지?

  How much do you weigh?

- 네 몸무게를 확인해보자.

  Let's check your weight.

- 체중계에 올라서 봐.

  Step on the scale.

- 어디 보자. 너는 19킬로그램 나가네.

  Let's see. You weigh 19kg.

- 쑥쑥 크고 있네.

  You are getting bigger.

tip

weigh : 무게가 ~이다, 무게를 재다
I weigh 58kg. 저는 58킬로그램 나가요.

scale : 저울, 체중계
I step on the scale almost every day. 저는 거의 매일 체중을 재요.

Step ~ (발걸음을 떼어) 움직이다.

Step **on the scale.**
체중계에 올라서 봐.

Step **back.**
뒤로 물러 서.

Step **forward.**
앞으로 나와 봐.

Step **aside.**
옆으로 비켜 봐.

Step **into the room.**
방으로 들어가 봐.

Sing together ♪♬

"I Want To Be Big" Song

If I was bigger,
내가 만약 더 컸다면,
I could eat, eat, eat cookies
every day, yum, yum, yum!
매일 쿠키를 먹을 수 있었을 텐데!
냠냠냠!

Day 080

Let me clip your fingernails.

내가 손톱 잘라줄게.

clip 대신에 cut를 쓰기도 해요.

문장 연습

- 손톱 보여줘 봐.

  ## Show me your fingernails.

- 너무 길다.

  ## They are too long.

- 내가 손톱 잘라줄게.

  ## Let me clip your fingernails.

- 가만히 있어 봐.

  ## Hold still.

- 거의 다 되었어.

  ## We are almost done.

- 봐 봐, 깔끔하고 깨끗하지.

  ## Look, neat and clean.

tip

fingernail : 손톱
Stop biting your fingernails. 손톱을 그만 물어뜯어.

clip : 자르다, 깎다
Did you clip your toenails? 발톱 잘랐니?

neat : 깔끔한, 정돈된
Keep this place neat and clean. 이 장소를 깔끔하고 깨끗하게 유지하렴.

Show me ~ 나에게 ~를 보여줘.

Show me **your fingernails.**
손톱 보여줘 봐.

Show me **your toenails.**
발톱 좀 보여줘 봐.

Show me **your hands.**
손 보여줘 봐.

Show me **your feet.**
발 보여줘 봐.

Show me **your tongue.**
혓바닥 좀 내밀어 봐.

Sing together ♪♬

Finger Family

Baby finger, Baby finger!
아기 손가락아, 아기 손가락아!

Where are you?
어디 있니?

Here I am, here I am.
여기 있어요. 여기 있어요.

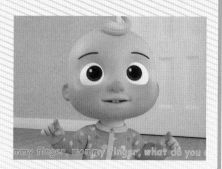

Day 081
Let's get a haircut.
머리 자르자.

미용실에 가서 머리카락을 자르는 것은
get a haircut이라고 표현해요.

문장 연습

- 머리 자르자.

Let's get a haircut.

- 눈 감고 있으렴.

Keep your eyes closed.

- 금방 끝날 거야.

It is going to be quick.

- 가만히 앉아 있어.

Sit still.

- 다 되었다. 정말 귀엽다.

All done. You look so cute.

 tip

quick : 빠른, 빠르게
It is easy and quick to make this. 이걸 만드는 건 쉽고 빨라요.

still : 정지한, 고요한
Can you hold still? 좀 가만히 있을래?

Keep ~ 계속 ~하다.

Keep your eyes closed.
눈을 감고 있어.

Keep your mouth shut.
입 다물고 있어.

Keep your promise.
약속 지키렴.

Keep going.
계속 가.

Keep doing that.
그거 계속 해.

Sing together

Getting A Haircut

Is your hair too long or really messed up?
머리카락이 너무 길거나 엉망인가요?

Then probably it's time for a haircut.
그럼 아마 머리카락을 잘라야 할 듯해요.

205

Day 082
It is too tight for you.
너한테 너무 꽉 끼는구나.

too는 '너무, 지나치게'라는 뜻으로
부정적인 어감을 가지고 있어요.

문장 연습

- 이 코트 입으렴. **Put on this coat.**

- 불편해? **Is it uncomfortable?**

- 너한테 너무 꽉 끼는구나. **It is too tight for you.**

- 네가 쑥쑥 크고 있네. **You are growing up fast.**

- 넌 새 코트가 필요하구나. **You need a new coat.**

 tip

uncomfortable : 불편한
These shoes are so uncomfortable. 이 신발은 정말 불편해.

grow up : 자라다
Please grow up! 철 좀 들어라!

It is too ~ 너무 ~하다.

It is too **tight for you.**
너한테 너무 꽉 끼는구나.

It is too **big for you.**
너한테 너무 크구나.

It is too **small for you.**
너한테 너무 작구나.

It is too **difficult for you.**
너한테 너무 어렵구나.

It is too **spicy for you.**
너한테 너무 맵구나.

Sing together ♪♬

No No No! New Clothes

Yes, you need a new coat.
그래, 너는 새 코트가 필요해.

This will fit you well.
이건 잘 맞을 거야.

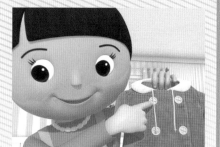

Day 083

You need to pee, don't you?

너 쉬하고 싶구나, 그렇지?

pee는 가까운 사이에 쓸 수 있는
비격식(informal) 단어로 동사, 명사로 쓰여요.

문장 연습

- 왜 그래? **What's the matter?**

- 너 쉬하고 싶구나. 그렇지? **You need to pee, don't you?**

- 참을 수 있겠어? **Can you hold it?**

- 내가 널 화장실 데리고 갈게. **Let me take you to the restroom.**

- 화장실 가고 싶으면 엄마한테 말하렴. **Tell me when you want to go potty.**

tip

pee : 오줌을 누다, 오줌
I need to pee. 나 쉬해야 해.

hold : 견디다, 잡다
Hold my hand. 내 손을 잡으렴.

go potty : 화장실 가다, 볼일 보러 가다
You have to go potty before bed. 자기 전에 화장실 다녀 와.

___, don't you?/do you? 그렇지? 그렇지 않니?

You need to pee, don't you?
너는 쉬하고 싶구나, 그렇지?

You like apples, don't you?
너는 사과를 좋아하잖아, 그렇지?

You don't want to go there, do you?
너는 거기 가고 싶지 않구나, 그렇지?

You love this book, don't you?
너는 이 책을 정말 좋아하잖아, 그렇지?

You don't drink milk, do you?
너는 우유를 마시지 않잖아, 그렇지?

Sing together ♪♫

Potty Training Song

Just sit on the potty.
그냥 변기에 앉으렴.

Sit and wait.
앉아서 기다리렴.

I went to the potty like the big kids do

Day 084

You burped again.

또 트림했네.

burp는 명사도 되고 동사도 되는 단어예요.

문장 연습

- 또 트림했네.

  You burped again.

- 속이 불편하니?

  Is your stomach upset?

- 너무 급하게 먹더라.

  You ate too quickly.

- 다음에는 잘 씹어서 먹도록 해.

  Chew your food well next time.

- 배 문질러줄게.

  I will rub your tummy.

burp : 트림하다, 트림시키다
Did you just burp? 방금 트림했어?

rub : 문지르다, 문질러 바르다
Rub it on your hair. 머리에 문질러.

tummy : 배(유아어)
Do you have a tummy ache? 배가 아프니?

Chew ~ ~를 씹다.

Chew your food well.
음식을 잘 씹어서 먹어.

Chew your food several times.
음식을 여러 번 씹으렴.

Chew it 10 times.
열 번씩 씹으렴.

Chew it up.
꼭꼭 씹어.

Chew it slowly.
천천히 씹으렴.

Sing together 🎵

I Didn't Mean To Burp

Excuse me.
실례해요.
I didn't mean to burp.
트림을 하려고 한 게 아니었어요.

Day 085
Did you fart?
방귀 꼈어?

fart는 가까운 사이에 쓸 수 있는
비격식(informal)표현이에요.

문장 연습

- 방귀 꼈어?

  # Did you fart?

- 배 아프구나. 그렇지?

  # You have a stomachache, don't you?

- 응가하고 싶어?

  # Do you need to poop?

- 화장실 가자.

  # Let's go potty.

- 다하면, 엄마 불러.

  # When you are finished, Call Mommy.

 tip

fart : 방귀, 방귀를 뀌다
Your fart smells bad. 네 방귀 냄새 지독해.

poop : 응가하다, 응가
When you want to poop, tell me. 응가하고 싶으면 말해.

go potty : 화장실 가다, 볼일 보러가다
Do you want to go potty? 화장실 가고 싶니?

Did you ~? 너는 ~했니?

Did you fart?
방귀 꼈어?

Did you poop?
응가 했어?

Did you pee?
쉬했어?

Did you burp?
트림했어?

Did you sneeze?
재채기했어?

Sing together ♪♬

Potty Song

Fruits and veggies are good for you.
과일과 채소는 몸에 좋지.

They don't make smelly fart.
냄새 나는 방귀를 만들지 않거든.

Day 086

You may get hiccups.
딸꾹질할 수도 있어.

hiccup은 '딸꾹질, 딸꾹질하다' 등의 뜻으로
명사와 동사로 사용되는 단어예요.

문장 연습

- 주스를 너무 빨리 마시지 마. **Don't drink your juice too quickly.**

- 딸꾹질할 수도 있어. **You may get hiccups.**

- 거 봐! **I told you!**

- 1분 동안 숨을 참으렴. **Hold your breath for a minute.**

- 이거 한 모금 마시고. **Take a sip of this.**

hiccup : 딸꾹질, 딸꾹질하다
I often get hiccups. 저는 자주 딸꾹질을 해요.

breath : 숨, 입김
Take a deep breath. 심호흡을 하세요.

sip : 한 모금, 홀짝이다
Do you want to take a sip? 한 모금 마실래?

Take a sip of ~ ~를 한 모금 마시다.

Take a sip **of this.**
이거 한 모금 마셔.

Take a sip **of water.**
물 한 모금 마셔.

Take a sip **of milk.**
우유 한 모금 마셔.

Take a sip **of this juice.**
이 주스 한 모금 마셔.

Take a sip **of my tea.**
내 차 한 모금 마셔 봐.

Sing together ♪♫

The Hiccup Song

If you really, really, really
wanna stop,
만약 정말 멈추게 하고 싶다면.

Hold your breath.
숨을 참도록 해.

When you start to have the hiccups

Day 078~086 review

Part 09

잘 준비할 때

Day 087

It's time to take a bath.
목욕할 시간이야.

It's time to have a bath라고 표현할 수도 있어요.

문장 연습

- 목욕할 시간이야. **It's time to take a bath.**

- 이제 물에 들어가렴. **Now get into the water.**

- 물이 너무 뜨겁니? **Is the water too hot?**

- 20분 후에 씻겨줄게. **I will wash you up in 20 minutes.**

- 목욕 즐겁게 하렴. **Enjoy your bath.**

 tip

take a bath : 목욕하다
I take a bath three times a week. 저는 일주일에 세 번 목욕을 해요.

wash up : 씻다, 씻기다
Go wash up! 가서 씻어!

Enjoy your ~ 너의 ~를 즐기렴.

Enjoy your bath.
목욕 즐겁게 하렴.

Enjoy your movie.
영화 재미있게 보렴.

Enjoy your trip.
여행 즐겁게 하렴.

Enjoy your ice cream.
아이스크림 맛있게 먹으렴.

Enjoy your meal.
맛있게 먹으렴.

Sing together ♪♬

Bath Song

I jump in the bathtub.
저는 욕조로 폴짝 뛰어 들어가요.

It's time to get all clean.
이제 다 깨끗해질 시간이에요.

Wash my arms do do do do do do do

Day
088

Let me floss your teeth.
내가 치실 해줄게.

치실은 dental floss, 또는 그냥 floss라고도 해요.

문장 연습

- 너 이빨 사이에 뭔가 껴 있네.

You have something between your teeth.

- 내가 치실 해줄게.

Let me floss your teeth.

- 입 크게 벌려 봐.

Please open wide.

- 나왔다.

Here it comes.

- 뱉으렴.

Spit it out.

 tip

floss : 치실, 치실질을 하다
You need to floss your teeth once a day. 하루에 한 번은 치실질을 해야 해.

spit : 뱉다, 침을 뱉다
Don't swallow it. Just spit it out. 삼키지 말고 그냥 뱉으렴.

You have something ~ 너는 ~에 무언가 있다.

You have something **between your teeth.**
너 이빨 사이에 뭔가 껴 있네.

You have something **on your hair.**
너 머리카락에 뭐가 묻었어.

You have something **on your face.**
너 얼굴에 뭐가 묻었어.

You have something **on your pants.**
너 바지에 뭐가 묻었네.

You have something **in your eye.**
너 눈에 뭐가 들어갔네.

Sing together 🎵

Brush Your Teeth

Let's brush our teeth,
healthy and clean.
건강하고 깨끗하게 이를 닦자.

Left and right, between the teeth.
왼쪽과 오른쪽, 치아 사이.

Up and down.

Day 089
Let's rinse your hair.
머리 헹구자.

우리는 그냥 '손 씻어, 머리 헹구자' 등으로 말하지만
영어 문장에서는 '누구의 손인지,
머리카락인지'를 써주셔야 해요.

문장 연습

- 이제 머리 감겨줄게. **Now let me wash your hair.**

- 고개 숙여볼래? **Can you bend your neck?**

- 거품 좀 내 봐. **Make some bubbles.**

- 머리 헹구자. **Let's rinse your hair.**

- 다 되었다. **All done.**

bend : 굽히다, 숙이다
I can't bend my knees. 난 무릎을 구부리지 못하겠어.

rinse : 헹구다, 씻어내다
Rinse your hands. 손을 헹구렴.

Make ~ ~를 만들다.

Make some bubbles.
거품을 좀 내 봐.

Make some cookies.
쿠키를 좀 만들어 봐.

Make a happy face.
행복한 표정을 지어 봐.

Make a scary face.
무서운 표정을 지어 봐.

Make a wish.
소원을 빌어 봐.

Sing together ♪♬

Shampoo Song

Get your shampoo.
샴푸를 가져와.
Make some bubbles.
거품을 좀 만들어.

Day 090

Dry your hair with this towel.
이 수건으로 머리 닦으렴.

dry는 '말리다'라는 뜻의 동사로도 쓰여요.

문장 연습

● 이 수건으로 머리 닦으렴. — **Dry your hair with this towel.**

● 내가 드라이기로 말려줄게. — **I will blow dry your hair.**

● 너무 뜨겁니? — **Is it too hot?**

● 다 되었다! 이제 머리 다 말랐어. — **All done! Your hair is dry now.**

● 잠옷 입으렴. — **Put on your pajamas.**

 tip

blow dry : 드라이기로 말리다
I don't usually blow dry my hair. 난 보통 드라이기로 머리를 말리지 않아요.

put on : 입다, 신다, 바르다
Please go put on your shoes. 가서 신발 신어.

Is it too ~? 너무 ~하니?

Is it too **hot?**
너무 뜨겁니?

Is it too **salty?**
너무 짜니?

Is it too **spicy?**
너무 맵니?

Is it too **loud?**
(소리가) 너무 크니?

Is it too **tight?**
너무 꽉 끼니?

Sing together 🎵🎶

"No No" Bedtime Song

Pajamas, pajamas, it's time to wear pajamas!
잠옷, 잠옷, 잠옷 입을 시간이야.

No, no, no, I don't want to wear pajamas!
싫어요! 싫어요! 싫어요!
난 잠옷을 입기 싫어요!

Day 091
Did you play nicely with your friends?
친구들과 사이좋게 놀았어?

어른들이 친구들과 어울리는 것은
play라고 하지 않고 hang out이라고 해요.
하지만 아이들끼리, 또는 어른이 아이와 노는 것은
play라고 해요.

문장 연습

● 오늘 하루 어땠어?

How was your day?

● 친구들과 사이좋게 놀았어?

Did you play nicely with your friends?

● 미술 수업 시간에는 뭘 했어?

What did you do in art class?

● 재미있었겠네, 그렇지?

You had fun, didn't you?

● 엄마도 좋은 하루 보냈어.

Mommy also had a good day.

 tip

play nicely : 사이좋게 놀다
Don't fight with him. Play nicely. 걔랑 싸우지 마. 사이좋게 놀아.

art class : 미술 수업
Did you make this in art class? 미술 수업 시간에 이걸 만들었어?

How was ～ ~는 어땠니?

How was your day?
오늘 하루 어땠어?

How was your field trip?
견학은 어땠어?

How was your weekend?
주말은 어땠어?

How was school today?
오늘 학교는 어땠어?

How was your class today?
오늘 수업은 어땠어?

Sing together 🎵🎶

Hello Song

How are you today?
오늘 기분 어때?

I am fine. I am great.
전 좋아요. 아주 좋아요.

Day 092

Who is your best friend?
누가 너의 가장 친한 친구야?

best friend는 줄여서
BF(best friend 또는 boy friend)라고도 해요.

문장 연습

- 누가 너의 가장 친한 친구야?

    Who is your best friend?

- 걔가 왜 좋아?

    Why do you like her?

- 너도 친절하고 착해.

    You are also kind and nice.

- 너랑 그 친구랑 비슷하네.

    You and she are alike.

- 또 누구랑 자주 같이 놀아?

    Who else do you often play with?

 tip

alike : 비슷한, 비슷하게
You two are alike. 너희 둘은 비슷해.

Why do you ~? 너는 왜 ~하니?

Why do you like her?
걔가 왜 좋아?

Why do you get up so early?
왜 이렇게 일찍 일어나?

Why do you like that TV program?
그 TV 프로그램이 왜 좋아?

Why do you want to go there?
왜 거기 가고 싶어?

Why do you want to buy that?
왜 그걸 사고 싶어?

Sing together ♪♫

The More We Get Together

The more we get together,
모이면 모일수록,
The happier we'll be.
우리는 더 행복해질 거야.

Day 093

I will put you to sleep.
내가 재워줄게.

아이를 재우는 것은
'put(get)+사람+to sleep'으로 표현해요.

문장 연습

- 벌써 9시네.

It is already 9 o'clock.

- 잘 시간이야.

Time for bed.

- 내가 재워줄게.

I will put you to sleep.

- 엄마 옆에 누워.

Lie down next to Mommy.

- 자장가 불러줄게.

Let me sing you a lullaby.

lie down : 눕다, 드러눕다
Lie down on your bed. 네 침대에 누우렴.

lullaby : 자장가
Sing me a lullaby. 자장가 불러줘.

Lie down ~ 눕다.

Lie down **next to Mommy.**
엄마 옆에 누워.

Lie down **next to your bunny.**
네 토끼 인형 옆에 누워.

Lie down **on your bed.**
네 침대에 누워.

Lie down **on your back.**
등을 대고 누워.

Lie down **on your tummy.**
배를 대고 엎드려.

Sing together ♪♫

This Is The Way We Go To Bed

This is the way we say,
"Good night."
"안녕히 주무세요"는 이렇게 말하는 거야.

We do it every evening.
우리는 매일 저녁 이렇게 하지.

Day 094
Do your legs hurt?
다리가 아파?

다리, 발 등의 신체 부위를 복수로 나타낼 때는
단어 끝에 's'를 잊지 말고 붙여주세요.

문장 연습

● 다리가 아파?　　　　　　**Do your legs hurt?**

● 내가 다리 주물러줄게.　　　**Let me massage your legs.**

● 이제 괜찮아?　　　　　　**Are you okay now?**

● 엄마가 너 사랑하는 것 알지?　**You know that I love you.**

● 넌 엄마를 행복하게 해.　　　**You make Mommy happy.**

hurt : 아프다, 아프게 하다
My feet really hurt. 발이 너무 아파.

Do your ~ hurt? 너의 ~가 아파?

Do your **legs** hurt?
다리가 아파?

Do your **knees** hurt?
무릎이 아파?

Do your **feet** hurt?
발이 아파?

Do your **eyes** hurt?
눈이 아파?

Do your **shoulders** hurt?
어깨가 아파?

Sing together 🎵🎶

Skidamarink A Dink A Dink

I love you in the morning and in the afternoon.
난 널 아침에 사랑해 그리고 오후에도.

I love you in the evening.
난 널 저녁에도 사랑해.

Day 095

Good night. Sweet dreams.
잘 자렴. 좋은 꿈꾸고.

밤 인사로 아이에게 할 수 있는 표현은
Nighty night, sleep tight 등이 있어요.

문장 연습

- 밤이 깊어가고 있어.   **It is getting late.**
- 너 분명 졸리겠다.   **You must be sleepy.**
- 눈 감고 있어.   **Please keep your eyes closed.**
- 자려고 해 봐.   **Try to go to sleep.**
- 잘 자렴. 좋은 꿈꾸고.   **Good night. Sweet dreams.**

 tip

sleepy : 졸린, 졸음이 오는
I usually start to feel sleepy around 9 pm. 저는 보통 밤 9시면 졸음이 오기 시작해요.

go to sleep : 잠이 들다, 잠을 자다
I want to go to sleep. 전 자고 싶어요.

It is getting ~ 점점 ~해지고 있다.

It is getting **late.**
밤이 깊어가고 있어.

It is getting **dark.**
날이 어두워지고 있어.

It is getting **chilly.**
날이 쌀쌀해지고 있어.

It is getting **warm.**
날이 따뜻해지고 있어.

It is getting **better.**
(상황 등이) 좋아지고 있어.

Sing together 🎵

Sweet Dreams

Good night. Sleep tonight.
좋은 밤, 잘 자렴.
Sweet dreams tonight.
오늘밤 좋은 꿈꾸고.

Day 087~095 review

Day 087 목욕할 시간이야.

Day 088 내가 치실 해줄게.

Day 089 머리 헹구자.

Day 090 이 수건으로 머리 닦으렴.

Day 091 친구들과 사이좋게 놀았어?

Day 092 누가 너의 가장 친한 친구야?

Day 093 내가 재워줄게.

Day 094 다리가 아파?

Day 095 잘 자렴. 좋은 꿈꾸고.

Part 10

특별한 날 기념하기

Day 096

Make a wish.
소원 빌어.

wish는 동사, 명사로 쓰이는 단어로
명사로 쓰일 때는 단수, 복수형태 모두 가능해요.

문장 연습

- 생일 축하해.

Happy birthday to you!

- 촛불 끄렴.

Blow out the candles.

- 소원 빌어.

Make a wish.

- 이제 6살이네.

Now you are six years old.

- 생일 선물 열어 봐.

Open your birthday presents.

---

blow out : 불어서 끄다, 꺼지다
The candles blew out. 촛불이 꺼졌다.

wish : 소원, 바라다, 원하다
I wish you a Merry Christmas. 즐거운 성탄절 보내시길 바랄게요.

Blow ~ ~를 불다.

Blow out the candles.
촛불 꺼럼.

Blow your nose.
코 풀어.

Blow into the straw.
빨대를 불어.

Blow gently.
살살 불어 봐.

Blow harder.
세게 불어 봐.

Sing together ♪♫

Happy Birthday Song

Happy Birthday, Happy Birthday.
생일 축하해, 생일 축하해.
Happy Birthday to you.
너의 생일을 축하해.

How about sending her a birthday card?

Day 097

생일 카드를 보내면 어떨까?

send 다음에 받는 사람을 바로 쓸 수 있어요.
예를 들어 'Send a letter to me'라고 하기도 하고
'Send me a letter'라고도 할 수 있어요.

문장 연습

- 내일은 이안이 생일이야.   **Tomorrow is Ian's birthday.**

- 생일 카드를 보내면 어떨까?   **How about sending her a birthday card?**

- 생일 케이크도 그려보자.   **Let's draw a birthday cake too.**

- 멋져 보인다!   **It looks nice!**

- 그 친구가 아주 좋아할 거야.   **She(He) will love it!**

 tip

draw : 그리다, 잡아당기다
Please don't draw on the walls. 벽에다 그림 그리지 마.

240

It looks ~ ~하게 보인다.

It looks **nice.**
멋져 보인다.

It looks **interesting.**
재미있어 보인다.

It looks **good to me.**
나한테는 좋아 보여.

It looks **boring.**
지루해 보여.

It looks **yummy.**
맛있어 보여.

Sing together ♪♫

Baby Shark's Birthday

It's for you, It's for you.
이건 널 위한 거야. 이건 널 위한 거야.

Have fun today.
오늘 즐겁게 보내렴.

"Thank you! I'm so happy!"

Day 098
Check under the Christmas tree.
크리스마스 트리 아래 봐 봐.

Christmas는 고유 명사이므로 항상 대문자로 시작해요.

문장 연습

- 여기 나와 보렴.

Come out here.

- 크리스마스 트리 아래 봐 봐.

Check under the Christmas tree.

- 산타 할아버지가
  어젯밤에 여기 왔었네.

Santa Claus was here last night.

- 선물을 열어보지 그래?

Why don't you open the present?

- 너 진짜 기분 좋겠다.

You must be really happy.

 tip

last night : 어젯밤
What did you do last night? 어젯밤에 뭐했어?

Check ~ ~를 확인하다.

Check under the Christmas tree.
크리스마스 트리 아래 봐 봐.

Check under the bed.
침대 아래 봐 봐.

Check the weather.
날씨를 확인해 봐.

Check the time.
시간을 확인해 봐.

Check the spelling.
철자를 확인해 봐.

Sing together ♪♬

We Wish You A Merry Christmas

We wish you a Merry Christmas
and a Happy New Year.
당신이 즐거운 성탄절과
행복한 새해를 보내길 바라요.

Day 099

Tomorrow is the first day of 2020.

내일은 2020년의 첫날이야.

년도는 숫자 두 개씩 끊어서 읽어요.
2020년은 twenty twenty라고 읽으세요.

문장 연습

- 달력 한번 봐 봐.
Take a look at the calendar.

- 오늘은 올해의 마지막 날이야.
Today is the last day of this year.

- 내일은 2020년의 첫날이고.
Tomorrow is the first day of 2020.

- 설날이라고 한단다.
It is called New Year's Day.

- 우린 '새해 복 많이 받으세요'라고 말해.
We say 'Happy new year!'

 tip

Take a look : 한번 보다
You should take a look at this. 넌 이걸 한 번 봐야겠다.

New Year's Day : 설날
What do you want to do on New Year's Day? 설날에 뭐하고 싶어?

244

Tomorrow is ~ 내일은 ~이다.

Tomorrow is **the first day of 2020.**
내일은 2020년의 첫 날이야.

Tomorrow is **Saturday.**
내일은 토요일이야.

Tomorrow is **your birthday.**
내일은 네 생일이야.

Tomorrow is **Christmas Day.**
내일은 크리스마스 날이야.

Tomorrow is **Parents' Day.**
내일은 어버이날이야.

Sing together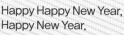

Happy New Year Song

Happy Happy New Year,
Happy New Year.
새해 복 많이 받으세요,
새해 복 많이 받으세요.

A time for hope and a time for
cheer.
희망의 시간 그리고 응원의 시간이에요.

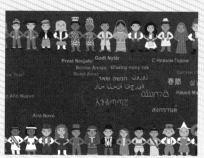

Day 100

We are going to celebrate Parents' Day.

우린 어버이날을 축하할 거야.

parent는 부모 중 한 명을 지칭하고
부모는 parents라는 복수형을 써요.

문장 연습

● 오늘은 5월 8일, 어버이날이야.
Today is the 8th of May, Parents' Day.

● 할아버지와 할머니가
우리 집에 오실 거야.
Grandpa and Grandma are going to visit us.

● 우린 어버이날을 축하할 거야.
We are going to celebrate Parents' Day.

● 할아버지, 할머니 보게 되어서 신나?
Are you excited to see them?

● 너를 무척 보고 싶어 하고 계실 거야.
They must really miss you.

 tip

celebrate : 축하하다, 기념하다
We are here to celebrate your birthday. 우린 너의 생일을 축하하려고 모였어.

Parents' Day : 어버이날
When is Parents' Day in Korea? 한국에서는 어버이날이 언제야?

miss : 그리워하다, 놓치다
I miss you too. 나도 네가 보고 싶어.

We are going to ~ 우리는 ~할 것이다.

We are going to **celebrate Parents' Day.**
우리는 어버이날을 축하할 거야.

We are going to **stay here for two nights.**
우리는 여기에서 이틀 밤 잘 거야.

We are going to **take a short trip.**
우리는 짧은 여행을 갈 거야.

We are going to **eat out today.**
우리는 오늘 외식할 거야.

We are going to **watch a movie.**
우리는 영화를 볼 거야.

Sing together ♪♫

Family Members Song

I love my family.
I love my family, oh yeah, yeah, I do.
저는 제 가족을 사랑해요. 저는 제
가족을 사랑해요. 맞아요, 전 그래요.

I love my family. I love my family,
oh yeah, yeah, it's true.
전 제 가족을 사랑해요. 전 제 가족을
사랑해요. 맞아요. 사실이에요.

Day 096~100 review

CHAPTER 2

엄마표 영어
100% 활용
꿀팁

Part 01

영어 동요 부르기

첫 영어 노출을 영어 동요로 시작하는 이유

아이에게 영어 노출을 어떤 걸로 시작하면 좋을지는 아이 연령이나 성향에 따라 다를 수 있어요. 하지만 아이도 엄마도 가장 부담 없이 시작할 수 있는 것이 바로 영어 동요 듣기입니다. 영어 그림책 읽어주기, 영어 DVD 보여주기, 엄마가 영어로 말 걸기 등은 영어 동요 틀어주기보다는 비용적인 면에서 좀 더 신중해야 하거나 엄마의 부담이 커지죠. 그러나 영어 동요는 시중에 판매되고 있는 저렴한 영어 동요 모음 CD 하나를 사서 바로 시작할 수 있어요. 그동안 우리말 소리만 접해본 아이에게 영어라는 소리도 있다는 것을 손쉽게 알려줄 수 있는 방법이 '영어 동요 틀어주기'입니다.

또한, 일반적으로 아이들의 거부 반응이 가장 적은 것도 영어 동요 듣기이지요. 동영상을 영어로 틀어주는 경우 이미 우리말 동영상을 접해본 아이들은 거부하는 경우가 많고요. 엄마가 영어로 말을 걸기 시작하면 아이들이 적응하지 못하는 경우도 있습니다. 허나 노래 부르고 율동하는 것을 싫어하는 아이들은 별로 없지요? 신나는 영어 동요로 첫 영어 노출을 시작해보세요.

영어 동요는 어떤 게 있나요?

마더구스

마더구스(Mother Goose) 또는 너서리 라임(Nursery Rhymes)이라고 불리는 노래들은 영미권 전래동요입니다. 'Wheels On The Bus, Row Row Your Boat' 등

과 같이 이미 우리 귀에 익숙한 노래도 많아요. 'Mother Goose Club'이라는 이름의 유튜브 채널도 있으며 'mother goose' 또는 'nursery rhymes'를 유튜브에서 검색하시면 다양한 유아 채널에서 만든 동영상을 엄청나게 많이 찾을 수 있답니다. 그리고 다양한 출판사에서 책과 CD로 만든 마더구스 시리즈를 판매하고 있어요. 많이 알려진 시리즈로는 JY Books에 나온 노부영 마더구스 시리즈, 연두비에서 나온 Sing Together 시리즈, 튼튼영어 Sing Along 시리즈 등이 있습니다.

슈퍼 심플송

슈퍼 심플송은 말 그대로 굉장히 간단하면서 가사가 반복되는 중독성 있는 노래예요. 듣다 보면 자연스럽게 따라하게 됩니다. 엄마표 영어 가이드 책들에서 꼭 언급되는 '마더구스'보다는 단어와 문장 구성이 훨씬 쉬워서 금방 따라 부를 수 있어요. 가사의 대부분이 엄마나 아이가 일상적인 대화에서도 활용할 수 있는 문장들이고요. 노래 동영상의 경우 가사와 영상이 잘 맞아떨어지고 화면도 자극적이지 않아 첫 영어 동요 동영상으로 추천드려요. 유튜브의 슈퍼 심플송(Super Simple Songs)이라는 채널에서 400개가 넘는 노래 동영상을 볼 수 있으며, 홈페이지(https://supersimple.com/super-simple-songs)에서는 노래 가사, 워크 시트, 플래쉬 카드 등 여러 가지 자료를 볼 수 있어요. 또한, 가사집이 포함된 노래 동영상 DVD 시리즈는 인터넷에서 구매할 수 있어요.

우리말-영어 동요

'Ten Little Indians', 'Twinkle Twinkle Little Star'처럼 우리말로도 있고 영

어로도 있는 동요들도 많아요. 익숙한 우리말 동요를 영어로 들으면 거부감 없이 들을 가능성이 커요. 시중에서 판매되고 있는 영어 사운드 북이나 영어 동요 모음 CD를 사면 대부분 이런 영어 동요들이 몇 곡씩 들어 있어요.

그림책 동요

첫 영어 노출을 영어 동요로 시도하고 아이가 영어 동요 듣기에 익숙해지면 아이에게 영어 그림책을 읽어주세요. 이때 영어 그림책 내용을 노래로 만든 CD가 따로 있거나 유튜브에서 구할 수 있다면 틈나는 대로 보여주고 들려주세요. 대표적인 시리즈로는 JY Books에 나온 노부영 그림책 시리즈가 있습니다. 원서 전문 인터넷 서점인 웬디북(www.wendybook.com)이나 하프 프라이스 북(http://www.halfpricebook.co.kr) 등과 같은 곳에서 영어 그림책과 CD를 단권으로도 구매할 수 있어요.

대표적인 유튜브 사이트

유튜브에 있는 대표적인 유아 영어 사이트입니다. 서로 겹치는 노래도 많으니 아이가 좋아하는 스타일의 영상을 찾아서 보여주고 들려주세요.

코코멜론 Cocomelon

2006년에 개설되어 구독자가 6,000만 명이 넘는 최대 유아 콘텐츠 채널 중 하나입니다. 마더구스를 포함한 다양한 영어 동요 동영상을 볼 수 있습니다.

핑크퐁 Pinkfog

2011년에 개설된 채널로 다양한 영어 노래와 애니메이션을 볼 수 있고 한국어 채널도 따로 개설되어 있습니다.

리틀 베이비 범 Little Baby Bum

2011년에 개설된 채널로 마더구스를 포함한 1,000여 곡의 영어 동요를 3D 영상으로 보실 수 있습니다.

수퍼 심플송 Super Simple Songs

2006년에 개설된 동요 채널로 귀에 쏙쏙 들어오는 쉬운 영어 노래 동영상들이 많이 있습니다.

세서미 스트리트 Sesame Street

1969년에 방영을 시작한 인기 TV 프로그램인 세서미 스트리트의 캐릭터들이 등장하는 채널입니다. 2006년에 개설되었고 2,800개가 넘는 영상이 올라와 있습니다.

베이비 버스 Baby Bus

2016년에 개설된 채널로 마더구스를 포함한 1,200여 개의 영어 동영상을 볼 수 있고 한국어 채널도 있습니다.

리틀 엔젤 Little Angel

2015년에 개설된 채널로 귀여운 아기 존(John)의 일상을 다양한 영어 동요로 볼 수 있습니다.

마더구스 클럽 Mother Goose Club 		2008년에 개설된 채널로 다른 채널과 다르게 실제 어린이들이 등장하여 춤추고 노래하는 영상들이 대부분입니다.
잉글리쉬 씽씽 English Singsing 		2014년에 개설된 채널로 영어 동요뿐만 아니라 파닉스, 유아 영단어 교육 동영상 등도 다양하게 업로드되어 있습니다.
키부머즈 The Kiboomers 		2010년에 개설된 채널로 동물, 숫자, 학교생활 등의 주제로 재생 목록이 만들어져 있습니다.

영어 동요 활용법

영상 없이 노래만 듣는 시간을 충분히 가지세요

유튜브나 DVD에 있는 영어 동요 동영상을 몇 번 보여준 다음, 아이 등원 준비할 때, 놀이할 때 등의 시간을 활용하여 하루 30분 이상 배경 음악처럼 틀어놓으세요. 인터넷에 있는 유튜브 다운로더를 사용하면 영상에서 mp3 파일만 추출해서 USB에 저장할 수 있고요. USB를 오디오 플레이어, 핸드폰 등 여러 기기에 사용해서 바로바로 틀어줄 수 있어요.

같은 노래들을 반복해서 꾸준히 들려주세요

매번 새로운 노래를 들려주는 것보다는 같은 노래들을 반복해서 들려주세요. 꾸준히 듣다보면 아이가 흥얼거리며 노래를 따라 부르게 됩니다.

엄마도 같이 부르세요

엄마도 같이 듣고 또 엄마 목소리로 자꾸 불러주세요. 이때 아이와 율동을 하거나 번갈아 부르기 등의 상호작용을 하면 훨씬 더 효과가 좋아요.

단어를 바꿔 가며 패턴 드릴(pattern drill)을 해보세요

노래 가사에 'Say cheese'라는 문장이 있었다면 'Say sorry', 'Say thank you' 등과 같이 문장을 바꿔 가며 아이에게 써보세요. 아이가 노래에서 들었던 문장을 일상생활에서 상황에 맞게 다시 듣게 된다면 인풋의 효과가 더 커집니다.

아이와 녹음해보세요

휴대폰이나 녹음기를 사용해서 아이와 영어 동요를 부르며 녹음해보세요. 아이들은 녹음된 자기 목소리 듣는 것을 좋아해서 억지로 시키지 않아도 자연스럽게 영어 동요를 반복해서 부르게 됩니다.

Part 02

영어 그림책 읽기

영어 그림책을 구매하기 전 기억할 사항

아이의 관심사 고려

엄마표 영어 책이나 인터넷에서 추천하는 책을 우리 아이가 꼭 좋아하리란 법은 없습니다. 아이를 가장 잘 아는 엄마가 아이가 좋아할 만한 그림책을 가장 잘 고를 수 있습니다. 아이의 나이, 성향, 관심사를 고려하여 그림책을 골라보세요. 예를 들어, 아이가 물고기에 관심이 많다면 물고기가 주인공인 책들 중에서 아이의 나이와 난이도를 고려해서 고르는 것이지요. 영어 노출 전 우리말 책을 많이 읽어온 4살 이상의 아이의 경우 데이빗 쉐넌(David Shannon)의 『No, David』와 같이 쉽더라도 스토리가 있는 책을 좋아할 가능성이 큽니다.

그림책 난이도 체크

아이 한글책 수준보다는 훨씬 쉬운 그림책을 고르셔야 해요. 이제 막 엄마표로 영어에 노출되는 아이라면 영어라는 새로운 언어에 있어선 아기와 같겠죠? 그림을 보면서 무슨 내용인지 파악할 수 있어야 아이도 관심 있게 끝까지 볼 수 있습니다. 인터넷 서점을 활용하시는 경우 필터를 활용해서 책을 추려보시는 것도 방법이 됩니다. 예를 들어, 웬디북(https://www.wendybook.com)이라는 인터넷 서점에서는 그림책, 리더스, 챕터북 등의 분야별 필터, 연령 필터 등을 써서 그림책들을 추릴 수 있습니다. 또한 책 내용 미리보기나 AR 지수, Lexile 지수 등을 통해서도 대략적인 난이도를 체크할 수 있습니다.

우리말 책 읽기가 더 중요

아직 우리말이 완성되지 않은 취학 전 아이들의 경우, 우리말 그릇을 넓혀서 더 많은 생각과 감정을 표현할 수 있도록 이끌어주는 것이 중요합니다. 우리말 그릇이 큰 아이가 영어도 잘하게 될 가능성이 높습니다. 영어 책보다는 우리말 책 읽기에 더 많은 비중을 두시고 아이에게 다양한 책을 읽어주세요.

대표적인 원서 인터넷 서점

웬디북 https://www.wendybook.com

2만여 종의 다양한 원서를 할인된 가격에 살 수 있습니다. 대부분의 책을 미리보기로 살펴볼 수 있다는 것이 가장 큰 장점이고 품절된 도서는 입고 알람을 신청할 수 있습니다.

하프프라이스북 http://www.halfpricebook.co.kr

원서 전문 인터넷 서점으로 웬디북보다 종류는 적지만 할인 폭이 큰 것이 장점입니다. 평일 오전 10시, 오후 4시 30분에 슈퍼 바이(Super Buy)라는 리스트가 뜨는데 시중보다 많이 할인된 가격에 영어 책을 구입하실 수 있어요.

동방북스 http://www.tongbangbooks.com

어린이 책부터 성인 책까지 다양한 원서를 구매할 수 있는 인터넷 서점이고, 일 년에 두 번 오프라인 창고 개방을 통해 원서들을 저렴하게 판매합니다.

영어 그림책 활용법

동영상 활용

유명한 영어 그림책의 경우 유튜브에서 '제목 + read aloud'라고 검색하시면 그림책 읽어주는 동영상을 많이 찾으실 수 있습니다. 예를 들어 에릭 칼(Eric Carle)의 유명한 그림책 『Brown Bear, Brown Bear, What Do You See?』의 리드 어라우드(read aloud) 영상을 찾으시려면 Brown Bear, Brown Bear, What Do You See? Read Aloud라고 검색 창에 치시면 됩니다. 그냥 책을 읽어주는 영상도 많지만 음악과 함께 책 안의 그림이 움직이는 동영상(animated)도 많으니 활용해보세요.

오디오 활용

엄마 목소리로도 여러 번 읽어주시고 원어민이 읽어주는 그림책 음원도 활용해보세요. JY Books에서 나오는 노부영 시리즈처럼 노래로 부르는 영어 동화 CD를 틀어주셔도 됩니다. 아니면 유튜브에서 그림책 동영상을 찾으신 다음, 4K download 등과 같은 유튜브 다운로더를 써서 오디오로만 추출한 후 들려주셔도 됩니다. 이미 읽었던 그림책들을 아이 놀이 시간 등을 활용해서 오디오로 반복해서 들려주시면 더 효과적인 인풋을 기대할 수 있습니다.

워크 시트 활용

유아 영어 콘텐츠 사이트인 키즈 클럽(http://www.kizclub.com)에서 다양한 유아 영어 워크시트를 무료로 다운 받을 수 있습니다. STORIES&PROPS 탭을

클릭하시면 200권이 넘는 영어 그림책 리스트를 보실 수 있고 그림책에 나온 그림 색칠하기, 풀칠하기, 만들기 등의 워크시트를 PDF 파일로 다운 받아 출력 후 사용할 수 있습니다.

그림책 관련 Q&A

Q. 하루에 몇 권이나 그림책을 읽어줘야 할까요?

● 처음에는 하루 1권으로 시작해보시길 추천해드립니다. 대략적인 시간과 장소를 정해놓고 주 5회 이상 꾸준히 읽어주시면 아이에게 책 읽는 습관을 만들어줄 수 있습니다. 예를 들어 잠자리에 들기 전, 거실에서 우리말 책 몇 권, 영어 그림책 몇 권을 읽을지 엄마와 아이가 함께 정해보세요. 아이와 매일 책을 읽다 보면 책 읽기 습관이 매일 양치질하는 습관처럼 자리 잡게 됩니다.

Q. 영어 그림책에 흥미를 보이지 않을 때는 어떻게 하나요?

● 원래 우리말 책을 좋아하는 아이라면 우리말로 나와 있는 그림책을 먼저 읽어주고, 그 다음 원서를 읽어주는 것도 하나의 방법입니다. 만약 영상을 좋아하는 아이라면 유튜브에 있는 영어 그림책 동영상을 먼저 보여주고 그 다음에 그림책을 읽어주어도 좋습니다.

Q. 같은 그림책만 읽어달라고 하면 어떻게 하나요?

● 아이들은 좋아하는 책이 있으면 반복해서 읽어달라고 하는 경우가 많습니다. 알파벳도 모르는 아이가 그림책 내용을 외우는 경우도 많고요. 아이가 같은 그림책을 반복해서 읽어달라고 할 경우 기꺼이 읽어주시길 바랍니다. 단, 아이가 책의 어떤 부분이 재미있어서 반복해서 보려고 하는지 살펴본 후, 또 질문해보세요. 그러면 아이가 좋아할 만한 다른 그림책을 찾기가 수월해집니다.

Q. 그림책을 읽어줄 때 아이가 집중하지 못하고 자꾸 딴짓을 하는데 괜찮나요?

● 모든 내용을 다 집중해서 보지 않더라도 괜찮습니다. 아이가 그림책을 뚫어져라 보지 않는다고 해서 듣고 있지 않는 건 아니니까요. 아이의 집중력을 높이기 위해서 엄마가 목소리 톤에 변화를 주면서 그림책의 그림을 짚어가며 읽어주는 것도 도움이 됩니다.

Q. 그림책 내용을 우리말로 알려달라고 할 때는 어떻게 하나요?

● 모든 문장을 다 우리말로 해석하듯이 알려줄 필요는 없고 그냥 간단하게 설명을 하면 됩니다. '아빠한테 혼나서 슬프대' '신발이 더러워져서 화났나 봐' 이런 식으로요. 만약 아이가 영어 단어의 뜻을 묻는다거나 그림책의 그림을 보고 '이게 영어로 뭐야?'라고 묻는다면 우리말로 한 번, 영어로 한두 번 이야기해주시면 됩니다. 간혹 아이의 유추 능력을 키우기 위해 절대 우리말로 알려주면 안 된다고 생각하시는 분들도 계신데요,

아이와 처음 영어 그림책 읽기를 시작할 때는 그림책에 대한 아이의 흥미를 북돋아서 꾸준히 읽을 수 있도록 하는 것이 훨씬 더 중요합니다.

Q. 엄마가 꼭 읽어줘야 할까요?

● 우리말 책이든, 영어 그림책이든 아이와 책을 읽고 교감하는 시간은 아이의 정서 발달에 아주 큰 도움을 줍니다. 간혹 엄마 발음이 좋지 않다고 아이에게 영어책 읽어주기를 꺼려하는 엄마들도 있는데요, 아이는 엄마의 발음뿐만 아니라 영어 동요, 동영상 등 다양한 경로로 영어를 접하게 되고 거기서 더 많은 인풋이 일어나게 됩니다. 엄마가 미리 혼자서 몇 번 읽어본 후 아이에게 엄마 목소리로도 읽어주고, 그림책 음원이나 영상도 적절히 활용해보세요.

Q. 그림책을 다 구매해야 할까요?

● 처음에는 아이의 그림책 취향을 정확히 알기 어려우므로 도서관에서 다양한 그림책을 대여하여 보여주면서 반응을 살펴보는 편이 좋습니다. 그림책 읽기가 꾸준히 진행되면서 아이가 특히 좋아하는 주제 또는 작가를 찾을 수 있어요. 아이의 반응이 좋은 책들은 구매해서 아이와 반복해서 읽어보는 것을 추천합니다.

추천 첫 영어 그림책 100권

1	2	3	4
No David	It's Christmas, David!	David Goes to School	Go Away Big Green Monster
David Shannon	David Shannon	David Shanno	Ed Emberley

5	6	7	8
Nighty Night, Little Green Monster	Brown Bear, Brown Bear What Do You See?	Polar Bear, Polar Bear, What Do You Hear?	Today is Monday
Ed Emberley	Eric Carle, Bill Martin Jr.	Eric Carle, Bill Martin Jr.	Eric Carle

9	10	11	12

From Head to Toe	Pete the Cat I Love My White Shoes	Hooray for Fish!	A Busy Day for Birds
Eric Carle	Eric Litwin, James Dean	Lucy Cousins	Lucy Cousins

13 I'm the Best Lucy Cousins	**14** Everyone Poops Taro Gomi	**15** My Friends Taro Gomi	**16** It Looked Like Spilt Milk Charles G. Shaw
17 Time To Pee Mo Willems	**18** Good Night, I Love You Caroline Jayne Church	**19** I Love You Through And Through Caroline Jayne Church	**20** We're Going on a Bear Hunt Michael Rosen
21 Bugs! Bugs! Bugs! Bob Barner	**22** How Do You Feel? Anthony Browne	**23** Things I Like Anthony Browne	**24** The Little Bear Book Anthony Browne
25 Big Cat, Little Cat Elisha Cooper	**26** Whose Baby Am I? John Butler	**27** I'm the Biggest Thing in the Ocean! Kevin Sherry	**28** I'm the Best Artist in the Ocean! Kevin Sherry

29	30	31	32
Where Is the Green Sheep? Mem Fox, Judy Horacek	**Hello Baby!** Mem Fox	**Hippo Has a Hat** Julia Donaldson	**Olivia** Ian Falconer

33	34	35	36
Duck! Rabbit! Amy Krouse Rosenthal, Tom Lichtenheld	**Yes Day!** Amy Krouse Rosenthal, Tom Lichtenheld	**The OK Book** Amy Krouse Rosenthal, Tom Lichtenheld	**Bear About Town** Debbie Harter, Stella Blackstone

37	38	39	40
Bear's Birthday Debbie Harter, Stella Blackstone	**My Crayons Talk** Patricia Hubbard	**A Dragon on the Doorstep** Stella Blackstone	**The Happy Day** Ruth Krauss

41	42	43	44
Rosie's Walk Pat Hutchins	**The Feel Good Book** Todd Parr	**It's Okay To Be Different** Todd Parr	**The I'm Not Scared Book** Todd Parr

45	46	47	48
The Watermelon Seed	**That's Disgusting!**	**A Bit Lost**	**Goodnight Everyone**
Greg Pizzoli	Bernadette Gervais, Francesco Pittau	Chris Haughton	Chris Haughton

49	50	51	52
What's the Time, Mr Wolf	**Colour Me Happy**	**Mix It Up!**	**Press Here**
Annie Kubler	Shen Roddie	Herve Tullet	Herve Tullet

53	54	55	56
Here Are My Hands	**I Need a Hug**	**Lemons Are Not Red**	**Rain**
Bill Martin Jr., Ted Rand, John Archambault	Aaron Blabey	Laura Vaccaro Seeger	Donald Crews, Robert Kalan

57	58	59	60
Flying	**Pants**	**Alphabet Ice Cream**	**I Don't Want to Be a Frog**
Donald Crews	Nick Sharratt, Giles Andreae	Nick Sharratt	Dev Petty

61	62	63	64
Up, Tall and High!	Who Is the Beast?	They All Saw a Cat	Frog and Fly: Six Slurpy Stories
Ethan Long	Keith Baker	Brendan Wenzel	Jeff Mack

65	66	67	68
THE THINGS I CAN DO	Night Animals	A Parade of Elephant	Wemberly's Ice-Cream Star
Jeff Mack	Gianna Marino	Kevin Henkes	Kevin Henkes

69	70	71	72
	IS EVERYONE READY FOR FUN?		Dear Zoo
My Friends Make Me Happy!	Is Everyone Ready for Fun?	Can You Make a Scary Face?	Dear Zoo
Jan Thomas	Jan Thomas	Jan Thomas	Rod Campbell

73	74	75	76
My Presents	Hop Jump	OLD HAT	
My Presents	Hop Jump	Old Hat	Bear and Hare Go Fishing
Rod Campbell	Ellen Stoll Walsh	Emily Grvett	Emily Grvett

77	78	79	80
 **Let's Bake a Cake!** Anne–Sophie Baumann, Helene Convert	**Are You My Mother?** Dr. Seuss, Philip D Eastman	**You Are (Not) Small** Chris Weyant, Anna Kang	**That's Not Mine** Chris Weyant, Anna Kang

81	82	83	84
I Went Walking Sue Williams	**Let's Go Visiting** Sue Williams	**The Pigeon Needs a Bath** Mo Willems	**Time to Say "Please"!** Mo Willems

85	86	87	88
Can I Play Too? Mo Willems	**Please Mr. Panda** Steve Antony	**I'll Wait, Mr Panda** Steve Antony	**Mr Panda's Feelings** Steve Antony

89	90	91	92
Grandma and Me Karen Katz	**Where Is Baby's Birthday Cake?** Karen Katz	**Polar Bear's Underwear** Tupera Tupera	**Early Bird** Toni Yuly

93	94	95	96
Who Am I?	**All by Myself!**	**Arlo Needs Glasses**	**Cookie's Week**
Stephanie Babin	Aliki	Barney Saltzberg	Tomie DePaola, Cindy Ward

97	98	99	100

Pat the Bunny	**Z Is for Moose**	**Come Out and Play, Little Mouse**	**There Are Cats in This Book**
Dorothy Kunhardt	Paul O. Zelinsky, Kelly Bingham	Robert Kraus, Ariane Dewey	Viviane Schwarz

Part 03

영어 동영상 즐기기

영어 동영상을 보여줄 때 기억할 사항

두 돌 이전 영상 노출은 득보다 실이 더 클 수 있습니다

동영상의 경우 잔잔한 유아용 영상이라 할지라도 책이나 노래보다는 아이가 받는 자극이 훨씬 큽니다. 미국 소아과 협회에서는 생후 18개월 이전에는 스크린 노출은 절대 하지 말라고 권고하고 있습니다. 그리고 18개월에서 24개월 사이에는 아이 연령에 맞는 영상을 부모가 함께 시청하라고 말합니다. 우리말이든 영어든 동영상 노출은 두 돌 이후로 미루는 것이 아이의 뇌 발달을 위해 좋다고 알려져 있습니다.

한 번 시청할 때 30분 이상, 하루 1시간 이상은 보여주지 않습니다

아이가 아무리 동영상을 재미있게 보더라도 취학 전 아이들의 경우 동영상 노출은 한 번에 30분 정도, 하루 1시간 정도가 적당합니다. 영어 노출을 영상으로만 하려고 하지 마시고 영어 동요, 그림책, 게임, 엄마와의 대화 등 다양한 방법으로 시도해보세요.

우리말 동영상 또는 더빙으로 보여주기 시작하면 영어로는 보지 않으려고 합니다

동영상을 많이 접해보지 않은 아이의 경우, 바로 영어 동영상을 보여주어도 거부 반응이 적습니다. 하지만 우리말 동영상을 이미 많이 접해본 아이들의 경우, 영어로 동영상을 보지 않으려고 할 가능성이 큽니다. 이때는 영어 노래 등을 통해 아이가 영어 소리에 친숙해지게 만들고, 아이가 좋아하는 캐릭터 등을 적극 활용하는 방법이 필요합니다.

연령에 맞는 자극적이지 않은 영상부터 보여주셔야 합니다

초반부터 연령에 맞지 않는 동영상을 보여주기 시작하면 잔잔한 동영상은 보지 않으려고 합니다. 아이의 연령, 영어 노출 기간, 아이의 취향 등을 고려하여 동영상을 선택하셔야 합니다.

조금씩 꾸준히 보여주는 것이 가장 중요합니다

한두 달 보여주다가 중간에 그만두면 별 효과가 없습니다. 아웃풋이 나오든, 안 나오든 상관없이 최소 몇 년은 보여준다고 생각하시고 가랑비에 옷 젖듯 꾸준히 노출시켜주세요.

유아 영어 동영상 활용팁

유튜브, 넷플릭스 등으로 먼저 보여주고 반응 보기

유아 영어 DVD는 보통 시리즈로 판매를 합니다. 아이가 좋아하지 않거나 거부 반응을 보인다면 몇 번 보고 안 보게 될 가능성이 높습니다. 유명한 유아 동영상 시리즈의 경우 대부분 유튜브에 올라와 있습니다. 또한 넷플릭스에 가입되어 있으시면 넷플릭스를 활용하는 것도 좋은 방법입니다. 유튜브나 넷플릭스를 통해 먼저 보여주시고, 아이가 관심을 보인다면 그때 DVD를 구매해서 꾸준히 보여주는 것을 추천합니다.

동영상 노출 초반에는 엄마도 같이 보기

초반에는 엄마도 아이 옆에서 동영상을 같이 보길 추천합니다. 엄마가 동영상을 함께 보며 즐거워하면 아이는 영어 동영상 보는 것을 거부감 없이 받아들일 가능성이 큽니다. 또한 옆에서 아이를 관찰하며 아이가 재미있어 하는 포인트를 찾으면 다음 시리즈를 찾는 것이 수월해집니다.

가벼운 간식으로 시청 시간을 더 즐겁게 만들어주기

좋아하는 간식을 주면서 동영상 시청 시간을 더 즐겁게 만들어주는 것도 좋은 방법입니다. 유치원 하원 후 또는 저녁 식사 후 30분, 이렇게 정해놓고 가벼운 간식과 함께 영어 동영상을 볼 수 있게 해주세요. 이렇게 하면 아이는 자연스럽게 영상 시청을 즐거운 하루 일과로 받아들이게 됩니다.

오디오로만 들려주기

아이가 특별히 거부하지 않는다면 동영상을 30분 정도 보고 난 후, 그 영상의 CD를 아이가 놀이할 때 틀어주세요. 아이들은 놀면서도 귀가 열려 있습니다. 반복의 힘은 언제나 놀랍습니다.

동영상에 나온 문장으로 엄마가 말 걸기

동영상에 나왔던 문장이나 단어들을 생활 속에서 아이에게 써보시길 추천합니다. 어려운 문장이 아닌 "Get in the car!" "Where are you?" "Let's go home!"과 같은 문장을 상황에 맞게 여러 번 써주시면 좀 더 효과적인 인풋을 기대할 수 있습니다.

유아 영어 동영상 Q&A

Q) 아이에게 영어 동영상을 하루에 얼마나 보여주면 될까요?

● 취학 전 아이들의 경우에는 한 번 볼 때 30~40분 정도, 하루에 총 1시간 정도면 적당합니다. 아침에 30분, 저녁에 30분 이렇게 나눠서 보여주시면 좋습니다.

Q) 아이가 영어 동영상에 흥미를 보이지 않을 때는 어떻게 하나요?

● 까이유, 페파피그 등과 같은 동영상의 주인공이 나오는 책을 먼저 보여주시는 것도 방법입니다. 단, 이때 책은 그림과 문장이 딱딱 매치되는 아주 쉬운 책으로 시작하세요. 만약 영어 책도 거부한다면 같은 캐릭터가 나오는 우리말 책 먼저, 그 다음은 영어 책, 그 다음은 영어 동영상 순서대로 시도해보세요.

Q) 유튜브로 보여주고 있는데 자꾸 다른 영상을 보려고 하면 어떻게 하나요?

● 유튜브 다운로더를 써서 영상을 다운받은 후, USB에 담아서 TV로 보여주거나 DVD를 구매해서 보여주세요. 아이가 다른 영상을 보고 싶어 한다고 바로 보여주지 말고, 엄마, 아빠가 처음에는 선별을 해서 보여주셔야 합니다.

Q) 아이가 동영상을 너무 오래 보려고 할 때는 어떻게 하나요?

● 처음에 동영상을 틀어줄 때 약속을 하세요. "3개만 보는 거야" "4개만

보는 거야" 이렇게요. 아직 시간 개념이 잡히지 않은 어린 아이들의 경우 "30분만 보는 거야"보다는 몇 개만 본다고 말해주는 편이 더 효과적입니다. 그리고 약속된 만큼 다 봤으면 바로 TV를 끄세요. 아이가 울더라도 더 보여주지 마세요. 하다 보면 아이도 적응을 합니다.

Q) 아이가 똑같은 영상을 반복해서 보려고 하면 어떻게 하나요?

● 아이들은 좋아하는 내용이 있으면 대부분 반복해서 보려고 합니다. 자연스러운 현상이므로 원하는 만큼 반복해도 좋습니다. 단, 아이가 어떤 부분이 재미있어서 보려고 하는지 살펴보시고 또 질문해보세요. 그리고 비슷한 재미 포인트가 있는 다른 영상을 보여주면 됩니다.

Q) 동영상 내용을 잘 이해하고 있는지 아이에게 질문을 해야 할까요?

● 아이가 동영상 내용을 잘 이해하고 있는지 질문을 할 필요는 없습니다. 아이가 내용을 잘 이해하지 못하더라도 괜찮고 또 100퍼센트 다 이해할 필요도 없습니다.

Q) 동영상을 틀어주면 아이가 자꾸 딴짓을 하는데 괜찮나요?

● 딴짓해도 괜찮습니다. 영상을 꼭 집중해서 눈으로 볼 필요는 없고요. 딴짓을 하더라도 귀로는 듣고 있으니까 약속된 시간만큼 틀어 놓으시면 됩니다.

Q) 동영상을 보다가 뭐라고 말했는지 아이가 알려달라고 할 때는 어떻게 하나요?

● 이때는 문장을 하나하나 해석해주는 것이 아니라 간단히 상황 설명만 해주세요. 아이의 유추 능력을 키우는 것도 중요하죠. 하지만 이 단계에서는 아이가 영어 동영상에 흥미를 가지고 계속 볼 수 있게 하는 것이 목표입니다. 상황 설명으로 아이의 이해를 도와서 동영상을 더 재미있게 볼 수 있도록 해주세요.

Q) 뽀로로나 타요, 콩순이 같은 동영상의 영어 버전도 괜찮나요?

● 우리말 동영상을 많이 접해본 아이들은 영어 동영상을 보지 않으려고 할 가능성이 큽니다. 처음에는 아이가 좋아하는 캐릭터가 나오는 영어 동영상으로 시도해보는 것도 한 방법입니다. 아이가 영어 소리에 좀 익숙해졌을 때 다른 유아 영어 동영상으로 시도해보세요.

Q) 아이가 동영상을 볼 때 엄마가 꼭 옆에 있어줘야 하나요?

● 동영상 노출을 시작하는 단계에서는 엄마가 옆에서 아이를 관찰해보길 추천합니다. 그러나 현실적으로 엄마가 계속 옆에 있어주는 것이 불가능한 경우가 있습니다. 이때는 아이가 반복해서 보는 시리즈라면 혼자 보게 두고, 처음 보는 시리즈인 경우 초반에는 최대한 같이 보시는 편이 낫습니다.

유아 동영상 추천

까이유 Caillou

1997년에서 시작해서 2010년에 끝난 캐나다 TV 시리즈로 사랑스러운 까이유의 일상을 다루고 있습니다. 까이유 나이가 4살이라 그런지, 4세~5세 아이들이 특히 공감하고 좋아할 만한 내용입니다. 한 에피소드당 5분 정도 길이로 스토리도 자극적이지 않고 잔잔하여 첫 유아 동영상으로 추천합니다. 유튜브에서도 볼 수 있습니다.

페파피그 Peppa Pig

페파피그는 2004년에 시작되어 오랫동안 사랑받고 있는 영국 TV 시리즈입니다. 귀여운 돼지 페파가 주인공으로 페파의 가족들과 친구들의 일상을 유머러스하게 그리고 있습니다. 한 에피소드당 5분 정도이며 영국식 발음이긴 하나 말하는 속도가 빠르지 않아 첫 유아 영어 동영상으로 추천합니다. 유튜브에서도 볼 수 있고 넷플릭스 키즈에서는 시즌 4까지 볼 수 있습니다.

맥스 앤 루비 Max and Ruby

2002년에 시작된 캐나다 TV 시리즈로 귀여운 토끼 남매 맥스와 루비의 이야기입니다. 의젓한 누나 루비와 장난꾸러기 동생 맥스가 일으키는 작은 소동들을 다루고 있습니다. 한 에피소드당 7분 정도이고, 내용이나 그림체가 자극적이진 않지만 아이들이 충분히 좋아할 만한 시리즈입니다. 유튜브에서도 볼 수 있고 넷플릭스 키즈에서는 시즌 2까지 볼 수 있습니다.

메이지 Maisy Mouse

1999년에 시작하여 2000년에 끝난 영국 TV 시리즈입니다. 루시 카우신스(Lucy Cousins)의 그림책을 바탕으로 만들어졌으며 4살 메이지와 동물 친구들의 일상을 잔잔하게 그리고 있습니다. 내레이션이 주를 이루고 한 에피소드당 5분 정도입니다. 유튜브에서도 볼 수 있습니다.

벤 앤 홀리 Ben and Holly

페파피그 제작진이 만든 시리즈이고 2009년에 시작해서 2014년에 끝난 영국 TV 시리즈입니다. 리틀 킹덤에 사는 요정이자 공주인 홀리, 그리고 가장 친한 친구인 벤(elf)이 주인공으로 5세 이상, 특히 여자 아이들이 좋아할 만한 시리즈입니다. 영국식 발음이고, 한 에피소드당 10분 정도입니다. 유튜브에서도 볼 수 있고 넷플릭스 키즈에서는 시즌 1을 볼 수 있습니다.

도라 디 익스플로러 Dora the Explorer

1999년에 시작되어 2019년에 끝난 미국 TV 시리즈입니다. 라틴 아메리카 혈통을 가진 7살 도라와 원숭이 친구 부츠의 모험을 다룬 이야기입니다. 발음이 정확하고 말하는 속도도 느린 편입니다. 게임하듯 문제를 해결해나가는 구성이고 중간 중간 짧은 스페인어가 나오기도 합니다. 유튜브에서도 볼 수 있습니다.

포코요
Pocoyo

2005년에 시작된 3D TV 시리즈로 4살 남자 아이 포코요가 주인공입니다. 오리, 강아지, 코끼리 등의 친구들이 등장하며 내레이션이 주를 이룹니다. 한 에피소드당 7분 정도이며 영어 버전은 영국식 발음입니다. 유튜브에서도 볼 수 있고, 넷플릭스 키즈에서는 시즌 2까지 볼 수 있습니다.

까까똥꼬 시몽
Simon

2016년에 시작된 프랑스 TV 시리즈로 스테파니 블레이크 작가의 책을 잘 그리고 있습니다. 한 에피소드당 5분 정도이며 영국식 발음입니다. 유튜브에서도 볼 수 있고, 넷플릭스 키즈에서는 시즌 1을 볼 수 있습니다.

바다 탐험대 옥토넛 Octonauts

2010년에 시작된 영국 TV 시리즈입니다. 바닷속 기지 옥토포드(Octopod)에 사는 옥토넛 대원 8명이 바다에서 일어나는 문제를 해결하는 이야기입니다. 바닷속 생물에 대해서도 자연스럽게 알게 되는 장점이 있는 시리즈이며 한 편당 10분 남짓입니다. 유튜브에서도 볼 수 있고 넷플릭스 키즈에서는 시즌 2까지 볼 수 있습니다.

리틀 프린세스 Little Princess

2006년에 시작해서 2019년에 끝난 영국 TV 시리즈입니다. 토니 로스(Tony Ross) 작가의 그림책을 바탕으로 만들어진 시리즈로 엉뚱하지만 사랑스러운 5살 리틀 프린세스가 주인공입니다. 영국식 발음이며 한 에피소드당 11분 정도입니다. 유튜브에서도 볼 수 있습니다.

Part 04

영어 워크시트, 온라인 자료 활용하기

아이가 좋아하는 놀이와 성향 파악하기

내 아이가 어떤 성향과 어떤 학습 스타일을 가지고 있는지 차근히 파악할 필요가 있습니다. 예를 들어, 청각적 학습 스타일(Aural Learning Style)을 가지고 있는 아이라면 많이 들려주고 많이 말할 수 있게 이끌어주는 것이 좋습니다. 평상시에 영어 동요나 그림책 음원을 꾸준히 들려주시고 기회가 된다면 아이와 함께 녹음을 해보는 것도 좋은 활동이 됩니다. 또한, 반복해서 들은 후 익숙해진 동요나 그림책이 있다면 엄마와 함께 번갈아가며 불러본다거나 그림책 속 문장들을 번갈아가며 말해보는 것도 좋습니다.

아이가 시각적 학습 스타일(Visual Learning Style)을 가지고 있다고 생각되면, 그림, 이미지, 영상 등 다양한 시각적 자료를 적극적으로 활용해보시길 추천합니다. 집 안에 다양한 포스터를 붙여놓는다거나 단어 플래쉬 카드 등을 활용한 놀이를 해보시는 것도 좋습니다. 또한 그림책이나 영어 동영상을 본후, 등장 캐릭터 등을 그려보거나 색칠해보는 것도 손쉽게 할 수 있는 활동입니다.

마지막으로 아이가 운동 감각적 학습 스타일(Kinesthetic Learning Style)이라면, 율동이나 역할극, 신체를 활용한 게임 등을 통해 좀 더 효과적으로 영어를 배울 수 있습니다. 영어 동요 가사에 맞는 율동을 해본다거나 몸으로 영어 단어 표현하기, 손 인형(puppet)을 활용한 역할극 등이 좋은 예가 되겠습니다.

아이가 어떤 학습 스타일을 가지고 있는지 파악하기 위해서는 우선 다양한 활동과 놀이를 시도해보아야 합니다. 아이를 잘 관찰하여 두드러지는 학습 스타일을 찾고 거기에 맞는 놀이나 활동을 꾸준히 해보길 추천합니다.

그림책/영어 동요 연계 워크시트 활용하는 법

영어 그림책을 읽고 또는 영어 동요를 듣고 연계해서 할 수 있는 활동들이 있습니다. 구글에서 'English worksheet for kids'라고 검색하시면 무수히 많은 유아 영어 콘텐츠 사이트를 찾으실 수 있습니다. 이런 사이트들에서 영어 워크시트를 PDF 파일로 다운 받아 출력한 후 활용하실 수 있습니다. 아이가 특히 좋아하는 영어 책이나 동요가 있다면 관련 워크시트를 활용한 활동도 좋아할 가능성이 큽니다. 단, 이런 활동까지 하는 것이 부담스러운 경우, 아이와 억지로 하실 필요는 없습니다. 매일 영어 그림책을 읽고 영어 동요를 꾸준히 듣는 것만으로도 충분히 괜찮습니다.

색칠하기(Coloring)

영어 그림책을 읽은 후에 또는 영어 동요 동영상을 본 후, 등장했던 캐릭터들을 색칠하는 것으로 가장 손쉽게 할 수 있는 활동입니다. 키즈클럽(http://www.kizclub.com)에서 유아 영어 그림책 200권 정도의 컬러링 워크시트를 다운로드 받을 수 있습니다. 그리고 구글에서 그림책 제목 'coloring page(sheet)'를 검색하면 색칠할 수 있는 페이지를 저장할 수 있는 경우도 많습니다.

미니 북 만들기(Mini Book Making)

미니 북 만들기 자료가 있는 그림책이라면 함께 색칠해보고 미니 북을 만들어보는 것도 아이들이 좋아하는 활동입니다. 키즈 클럽(http://www.kizclub.com)이나 트위스티누들(http://twistynoodle.com) 사이트에서 미니 북 만들기 자료를 찾아보실 수 있습니다.

역할극(Role Play)

그림책이나 동요에 등장한 캐릭터들을 색칠하고 오려서 나무젓가락 등에 붙인 다음, 아이와 역할극 하듯이 문장을 말해보세요. 여러 번 읽은 그림책 또는 반복해서 들은 노래를 활용한 역할극은 아이가 직접 영어로 말을 하기 시작하도록 이끄는 데 좋은 활동이 됩니다.

게임(Game)

그림책이나 동요에 나온 스토리나 가사를 기억하며 이야기의 순서나 내용을 게임을 통해 확인하는 활동입니다. 예를 들어, 『The Very Hungry Caterpillar』라는 그림책을 읽은 후에는 배고픈 애벌레가 어떤 음식들을 먹었는지 차례대로 말해보거나 그림을 그려볼 수 있습니다. 그리고 수퍼 심플송 중 〈What's Your Name?〉이란 노래를 들은 후에 각 캐릭터들의 이름을 기억하는 등의 게임도 할 수 있습니다.

문장 따라 쓰기(Tracing)

알파벳을 어느 정도 익힌 후라면, 그림책이나 동요에 나왔던 문장을 따라 쓰는 활동도 시도해볼 수 있습니다.

워크시트 다운로드 사이트

키즈클럽 http://www.kizclub.com

회원 가입 없이 다양한 워크시트를 PDF로 다운로드 받고 출력할 수 있는 영어 콘텐츠 사이트입니다. 알파벳, 파닉스, 플래쉬 카드 등의 다양한 자료가 있습니다. 그리고 200여 권의 영어 그림책 관련 워크시트가 있는 것이 특징입니다.

트위스티누들 http://twistynoodle.com

동물, 음식, 계절, 교통수단 등 주제별로 탭이 나누어져 있어 편리하며 템플릿, 글꼴, 문장 등을 변경해서 출력할 수 있는 것이 특징입니다. 색칠하기, 따라 쓰기, 미니 북 만들기 등 아이들과 활용할 수 있는 자료가 풍성합니다.

토트스쿨링 https://www.totschooling.net

'toddler', 'preschool', 'kindergarten'이라는 연령별 탭으로 자료가 나눠져 있습니다. 주제별로도 자료를 찾을 수 있으며 대부분의 자료를 PDF 파일로 다운 받을 수 있습니다. 색칠하기,

따라 쓰기 등의 자료뿐만 아니라 만들기 활동을 할 수 있는 자료와 게임에

활용할 수 있는 자료들도 다양하게 있습니다.

슈퍼심플송 https://supersimple.com

구독자 수 1,920만 명을 보유하고 있는 유튜브
채널, 슈퍼 심플송의 홈페이지입니다. 인기 있
는 슈퍼 심플송의 가사를 찾을 수 있고 관련 플
래쉬 카드 및 색칠하기 등의 워크시트가 있습니
다. 빙고, 조각그림 퍼즐 맞추기, 워드 서치 등의 게임 자료들도 많습니다.

잉글리쉬더블유쉬츠 https://www.englishwsheets.com

워드 서치(word search), 단어 퍼즐(cross word puzzle),
언스크램블 워드(unscramble words) 등 영어 단어
관련된 워크 시트가 많습니다. 플래쉬 카드와
그림 포스터 자료도 다양하며 PDF 파일로 다
운 받을 수 있습니다.

Part 05

초간단 엄마표 영어 놀이

엄마표 영어에서 가장 중요한 것

취학 전 아이들과 엄마표 영어를 진행할 때 가장 중요한 요소는 바로 '재미'
입니다. 이 시기에 과도한 학습이나 활동으로 아이가 영어에 질려버린다면
취학 후 영어에 닫힌 아이의 마음을 다시 열기가 쉽지 않습니다. 엄마와 집
에서 재미있게 할 수 있는 영어 놀이라면 아이도 즐거워하며 자연스럽게 영
어를 받아들일 수 있습니다. 또한, 주입식이 아닌 엄마와의 꾸준한 상호 작
용을 통하여 영어가 노출이 된다면, 영어는 인풋(input)에서 인테이크(intake)로
넘어갈 가능성이 큽니다.

아이와 영어 놀이를 할 때 아이의 영어를 직접적으로 교정(direct correction)
하는 것은 피하시는 편이 좋습니다. 사소한 에러는 넘어가시되, 꼭 짚어야 할
부분은 간접적인 교정(indirect correction)으로 시도하시길 바랍니다. 예를 들어
아이가 발음을 잘못하는 단어가 있더라도 "그 단어는 이렇게 발음하는 거야"
라고 직접적으로 알려주는 것은 아이의 사기를 꺾을 수 있으므로 좋지 않습
니다. 대신에 엄마가 정확한 발음으로 자연스럽게 여러 번 말해주면 아이도
차차 제대로 된 발음으로 말하게 됩니다.

만약 아이가 영어 놀이에 거부 반응을 보인다면 아래 소개된 놀이를 우리
말로 충분히 표현하며 놀아주신 후, 영어로도 시도해보길 추천합니다.

마이크& 녹음기로 영어 동요 녹음하기

아이들은 여러 번 반복해서 들은 노래들을 정확하지는 않더라도 자연스럽게 흥얼거리는 경우가 많습니다. 이때 종종 장난감 마이크를 아이 손에 쥐어주면 더 신나서 노래를 부르지요. 비싼 마이크 말고 만 원 미만의 저렴한 플라스틱 마이크로도 충분합니다. 그리고 휴대폰 녹음 기능을 활용해서 가끔은 아이가 영어 동요 부르는 것을 녹음해서 들려주세요. 아이들은 자기 목소리 듣는 것을 좋아해서 억지로 시키지 않아도 즐겁게 반복해서 노래를 부릅니다.

손인형(puppet) 활용하기

손인형은 저렴하지만 엄마표 영어에 다양하게 활용할 수 있는 제품입니다. 아이가 아직 영어발화가 되지 않는다면 엄마가 손인형을 끼고 아이에게 영어로 말을 걸어보세요. 그냥 영어로 말을 걸었을 때보다 좀 더 흥미를 가지고 집중해서 엄마가 하는 말을 들을 가능성이 높습니다. 꾸준히 영어 노출이 되어 조금이라도 발화가 되는 경우라면 엄마와 함께 또는 혼자서 역할극을 해볼 수도 있습니다. 그리고 대화로 이루어진 그림책을 읽고 난 후 독후 활동에도 손인형을 활용해볼 수 있습니다. 손인형을 두세 개 준비해놓고 아이의 발화를 이끌어 내는 데 틈틈이 활용해보세요.

플래쉬 카드로 게임하기

취학 전 아이들의 경우, 영어 단어를 굳이 따로 외우게 할 필요는 없습니다. 영어 동요, 그림책, 동영상, 놀이 등을 통해 자연스럽게 습득하는 것이 가장 좋습니다. 하지만 아이가 영어

단어에 호기심을 보이고 알고 싶어 한다면 플래쉬 카드를 활용하여 놀이로 접근하길 추천합니다.

구글에서 'English Flashcard'를 검색하시면 PDF 파일로 다운 받아 출력할 수 있는 자료가 아주 많습니다. 시중에서도 다양한 영어 단어 카드를 온라인, 오프라인 서점 등에서 구매하실 수 있고요. 놀이 방식은 엄마와 아이가 간단하게 정한 후 진행하시면 됩니다. 예를 들어, 단어 카드를 책상에 펼쳐 놓고 엄마가 "Where is a book?"이라고 말하면 아이가 책이 그려진 플래쉬 카드를 찾는 것도 하나의 방법이 됩니다.

처음에는 아이 주변에서 자주 볼 수 있는 사물(명사)부터 시작하시고 그 다음에는 eat, wash, run, dance와 같은 기본 동사를 시도해보세요. 그리고 플래쉬 카드 놀이는 한 번에 오래하는 것보다는 10분 정도씩 짧게 자주 하는 편이 더 효과적입니다.

수수께끼

기본적인 영어 단어를 어느 정도 익힌 후라면 아이와 영어로 수수께끼 놀이를 해보세요. '영어로 설명하는 수수께끼'를 시도할 때, 중간 중간 아이가 잘 이해하지 못한다면 우리말로 뜻을 이야기해주셔도 괜찮습니다. 예를 들어, "It is a bug. The color of this bug is black. It is tiny"라고 수수께끼를 내는 데 아이가 "tiny가 뭐야?"라고 묻는다면 제스처와 함께 '아주 작은'이란 뜻이라고 알려주세요. 가능하다면 아이와 번갈아 수수께끼를 내보길 추천합니다.

몸으로 하는 놀이

영어 놀이라고 해서 영어 말하기, 듣기가 어느 정도 되는 아이들만 할 수 있는 건 아닙니다. '몸으로 말해요' 같은 게임 이름을 만든 후, 엄마 또는 아이가 동물, 사물, 동작 등을 몸으로 표현하고 영어로 맞춰볼 수도 있습니다. 또한, 잘 알려진 'Simon says(사이먼 가라사대)'라는 게임도 아이들에게 반응이 좋은 놀이 중에 하나입니다. '사이먼 가라사대' 게임의 규칙은 아주 간단합니다. 'Simon says touch the ground'처럼 지시문에 Simon says가 앞에 있으면 지시대로 땅을 짚어야 하고 Simon says라는 부분이 없다면 그 행동을 하지 않는 것이 규칙입니다.

Part 06

엄마표 영어에 유용한 제품, 프로그램

번역기와 포스트 잇

막상 아이에게 영어로 말을 하려고 하면 문장이 입 밖으로 나오지 않는 경우가 많습니다. 이럴 때는 번역기를 활용해보면 좋습니다. 많이 알려진 카카오(Kakao) 번역이나 네이버 파파고(Papago)를 추천합니다.

카카오(Kakao) 번역은 카카오톡 친구 찾기에서 '카카오 번역'을 검색하시면 채널 추가를 할 수 있습니다. 카카오톡 친구와 카톡하듯이 우리말 문장을 보내면 영어 문장이 답장처럼 바로 전송되어 옵니다. 번역된 영어 문장을 음성으로 듣는 것도 하나의 채팅 화면에서 가능합니다.

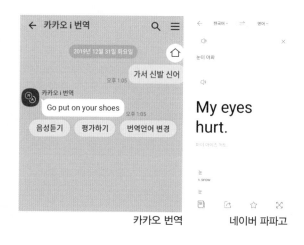

카카오 번역   네이버 파파고

네이버 파파고(papago) 번역은 PC나 휴대폰에서 사용 가능하며, 휴대폰에서 사용할 경우 따로 어플을 설치해야 합니다. 파파고 번역의 장점은 음성으로 한국어 또는 영어 문장을 입력하여 내가 정확한 발음으로 문장을 말하고 있는지를 가늠할 수 있다는 것입니다.

아이에게 말하고 싶은 영어 문장을 번역기에서 찾아보고 포스트잇에 쓰세요. 그 다음 욕실 거울, 냉장고, 신발장 등 집안 곳곳, 눈에 잘 띄는 곳에 붙이세요. 포스트잇에 쓰인 문장들을 보면서 상황에 맞게 아이에게 반복적으로 말해보세요.

유튜브 동영상 다운로더

요즘에는 많은 분들이 아이들에게 유튜브로 동영상 콘텐츠를 보여주고 있습니다. 영상 시청 중간에 나오는 광고가 신경 쓰이시거나, 아이가 보는 콘텐츠를 좀 더 관리하고 싶으신 분들에게는 유튜브 다운로더를 추천합니다. 4k 다운로더(www.4kdownload.com) 같은 유튜브 다운로더 프로그램을 사용하시면 유튜브 영상을 컴퓨터로 다운받을 수 있습니다. 또한 영상에서 mp3 파일만 추출하는 것도 가능합니다. 4K 다운로더는 유튜브 동영상 링크를 복사해서 링크 복사 버튼만 누르면 파일 분석 후 다운이 됩니다. 아이를 위한 콘텐츠만을 담은 USB 등을 만드셔서 동영상과 음원을 넣은 후 필요할 때마다 보여주고 들려주시면 편리합니다.

인공지능 스피커

인공 지능 스피커도 엄마표 영어에 유용하게 쓸 수 있는 제품입니다. '네이버 클로바', '구글 미니홈', 'SK 누구', '기가지니' 등의 제품이 판매되고 있고 4~8만 원 정도에 구입할 수 있습니다. 인공 지능 스피커는 날씨, 미세먼지 농도, 오늘의 뉴스 등의 생활 정보도 알려주고 다양한 오디오 콘텐츠도 들을 수 있습니다. "신나는 영어 동요 틀어줘", "키즈 라디오 틀어줘", "동물 퀴즈 내 봐" 등의 명령어로 간편하게 아이들을 위한 오디오 콘텐츠를 틀어줄 수 있습니다. 또한 우리말 단어나 문장이 영어로 궁금할 때도 음성으로 묻고 답을 들을 수 있으며 영어 대화도 가능합니다.

네이버 클로바   기가지니

매일 써먹는, 1일 1문장
엄마표 생활영어

초판 1쇄 발행 2020년 2월 28일 **초판 7쇄 발행** 2023년 12월 8일

지은이 고윤경
펴낸이 이승현

출판1 본부장 한수미
라이프 팀
편집 김소현
일러스트 성하루

펴낸곳 ㈜위즈덤하우스 **출판등록** 2000년 5월 23일 제13-1071호
주소 서울특별시 마포구 양화로 19 합정오피스빌딩 17층
전화 02) 2179-5600 **홈페이지** www.wisdomhouse.co.kr

ⓒ 고윤경, 2020

ISBN 979-11-90630-14-6 13740